HAYMON verlag

Bettina Balàka

Kaiser, Krieger, Heldinnen

Exkursionen in die Gegenwart der Vergangenheit

Gedruckt mit freundlicher Unterstützung durch die Stadt Wien, MA 7 – Kultur, Wissenschafts- und Forschungsförderung, und das Land Salzburg, Abteilung Kultur, Bildung und Gesellschaft.

MIX
Papier aus verantwortungsvollen Quellen
FSC® C083411

Auflage:

4	3	2	1
2021	2020	2019	2018

© 2018
HAYMON verlag
Innsbruck-Wien
www.haymonverlag.at

ISBN 978-3-7099-3424-1

Umschlag- und Buchgestaltung nach Entwürfen von hœretzeder grafische gestaltung, Scheffau/Tirol
Umschlaggestaltung: Eisele Grafik · Design, München
Umschlagabbildung: Bibliothèque nationale de France
Satz: Da-TeX Gerd Blumenstein, Leipzig

Gedruckt auf umweltfreundlichem, chlor- und säurefrei gebleichtem Papier.

Inhalt

Ginster hatte niemals Völker kennengelernt,
immer nur Leute, einzelne Menschen.
Siegfried Kracauer

Heldinnen

1.

Ein Bus steht in der Haltestelle Doch er fährt nicht los. Die Minuten vergehen. Immer wieder versucht der Fahrer zu starten, doch der Motor bleibt tot. Unruhe macht sich breit unter den Passagieren.

„Wie lange dauert das denn noch?"

Dann plötzlich sagt eine Frau „Is des a Frau?" Alle lugen nach vorne zum Führerstand und versuchen, über die Köpfe der anderen hinweg zu erkennen, wer sich dort abmüht.

„Des is a Frau!", sagt eine andere Frau zur ersten.

„Wirklich?", schalten sich weitere Fahrgäste ein.

„Jössas na!"

„Na dann wundert mi nix."

Die Fahrerin kämpft. Der Busmotor stottert, jammert und stirbt. Man schüttelt die Köpfe, raunt, spricht gerade so laut, dass es die Fahrerin hören muss, aber nicht laut genug, als dass man einem Einzelnen vorwerfen hätte können, er hätte etwas gesagt. Oder sie hätte etwas gesagt. Denn vor allem Frauen sind von der Aussichtslosigkeit der Fahrerinnenbemühungen überzeugt. Zumindest tun sie diese Überzeugung kund, während die Männer still beobachten.

Die Fahrerin steigt aus. Sie hat rote Flecken im Gesicht und ein bisserl verschwitzt scheint sie auch zu sein. Sie geht um den Bus herum und schaut irgendetwas nach.

„Des wird nix mehr."

„Also wenn ma so an Bus ned amal starten kann ..."

Die Busfahrerin steigt wieder ein und versucht, halbwegs würdevoll eine Durchsage zu machen: „Bitte alle aussteigen. Aufgrund eines technischen Gebrechens kann die Fahrt leider nicht fortgesetzt werden."

Die Bustüren öffnen sich, die Fahrgäste versammeln sich vor dem zusammengebrochenen Bus zum Meinungsaustausch. Die Fahrerin kommt dazu, sie ist mit ihren Nerven am Ende, hat sie gar Tränen in den Augen? Wahrscheinlich wird sie auch gleich zusammenbrechen. Sie versucht sich zu rechtfertigen: „Ich kann nichts machen! Es ist ein technisches Problem!"

Man tauscht wissende Blicke aus und strömt auseinander. „A Jammergschpü, des Ganze ...", ist noch zu hören.

Diese Szene spielte sich nicht 1916 ab, nicht 1956 und auch nicht 1976, sondern 1992 – dem ersten Jahr in der Geschichte der Wiener Verkehrsbetriebe, in dem Frauen als Busfahrerinnen eingesetzt wurden. Was undenkbar erscheint, kann sich erstaunlich schnell ändern. Heute wäre eine Szene wie die eben beschriebene undenkbar, vor einigen Jahrzehnten waren es Frauen als Busfahrerinnen.

Ich wünschte nun, ich könnte eine glorreiche Erinnerung vorweisen, etwa, dass ich damals schon (womöglich als eine von wenigen) genau durchschaute, was sich da abspielte. Oder dass ich gar in einem he-

roischen Akt der Zivilcourage der Fahrerin gegen das
Mehrheitsknurren zu Hilfe gekommen wäre. Aber
für ein solch geistesgegenwärtiges Handeln war ich
damals, mit sechsundzwanzig, zu unsicher und un-
erfahren.

Allerdings bezog ich aus dem Vorfall einige wert-
volle Erkenntnisse. Etwa: Die Sozialisation wirkt auf
sehr heimtückische Weise. Denn obwohl ich mich –
insbesondere im universitären Umfeld – seit Jahren
geradezu im Zentrum feministischen Denkens und
Forschens bewegte, und obwohl ich nicht eine Se-
kunde gezögert hätte, für die Ausübung jeden Beru-
fes durch Frauen auf die Barrikaden zu gehen, trieb
mein Gehirn für wenige Augenblicke ein unheimliches
Spiel mit mir. Inmitten des raunzigen Aufruhrs hatte
auch ich – plötzlich und sofort niedergekämpft – das
Gefühl: Vielleicht ist es doch nicht so eine gute Idee,
wenn Frauen Autobusse fahren.

Gewohnheit prägt. Man will auf der sicheren Eis-
schicht des eigenen vorbildlichen Denkens über sie
hinwegschreiten, und bricht doch immer wieder ein.
Bis zu jenem Zeitpunkt hatte ich noch nie eine Busfahrerin gesehen. Ich hatte in meinen wenigen Jahren
in Wien auch noch nie eine Straßenbahnfahrerin gesehen, obwohl diese offiziell seit 1970 zugelassen waren. Wohl operierten sie nur sehr vereinzelt und sehr
versteckt oder mittlerweile vielleicht gar nicht mehr.

Im Salzburger Biotop meiner frühen Kindheit,
Ende der sechziger, Anfang der siebziger Jahre, war

selbst das Autofahren für Frauen ein nervenaufreibender Ausstieg aus der traulichen Normalität, in der der Mann die Familienkutsche lenkte. Nur wenige Mütter in meiner Bekanntschaft fuhren Auto (oder besaßen gar eines), und ehrlich gesagt fuhr ich auch lieber bei den Vätern mit. Sie waren gelassener und souveräner und schrien nicht zu den Kindern, die unangeschnallt auf der Rückbank herumkugelten, nach hinten: „Ihr müsst jetzt still sein, damit ich mich konzentrieren kann!"

Zuschreibungen wirken innerlich. Die Frauen, denen man immer wieder gesagt hatte, dass sie zum Autofahren zu nervös, zu emotional, zu hysterisch, zu sehr hormonellen Schwankungen unterworfen, zu wenig technisch versiert und nicht hinreichend mit räumlichem Orientierungsvermögen ausgestattet seien – wie sollten sie dabei souverän sein? Sie mussten nicht nur gegen die äußeren, sondern auch gegen innere, internalisierte Stimmen aufbegehren: Kann ich das wirklich? Was, wenn die anderen Recht haben und ich mich irre?

Auf der anderen Seite gab es für Auto fahrende Frauen eine spezielle Gratifikation. So manche berichtete, sie habe schon wieder „einen Mann überholt". Im wörtlichen Sinne. Damit könnte man heute wohl kaum mehr Furore machen.

Auch die Busfahrerin aus der eingangs geschilderten Szene sah sich einer selbsterfüllenden Prophezeiung ausgesetzt. Obwohl es fast jeder Fahrgast schon einmal erlebt hatte, dass ein Bus auf der Strecke blieb, und keiner je auf die Idee gekommen wäre, den männlichen Fahrer dafür persönlich verantwortlich zu machen, musste sie gegen den Generalverdacht auf weibliche Busfahrunfähigkeit ankämpfen. Sie zeigte Nerven, sie hatte Mühe, ihr Selbstbewusstsein zu bewahren. (Im Übrigen: Wäre es nicht sogar vorstellbar, dass sich spaßig aufgelegte Kollegen den Jux machten, der neuen Fahrerin zum Einstand einen nicht ganz fahrtüchtigen Bus zuzuweisen?)

Es ist wichtig, sich an diese Pionierinnen zu erinnern und ihnen zu danken. Nicht nur den Wissenschaftlerinnen und Künstlerinnen, den Ärztinnen und Politikerinnen, den Juristinnen und Journalistinnen, sondern jeder einzelnen Frau, die bei all dem vorauseilenden Misstrauen den Mut hatte, in eine „Männerdomäne" zu gehen. Junge Frauen der Gegenwart sind häufig überzeugt, dass sie niemals Selbstzweifel gehabt oder sich irgendetwas gefallen hätten lassen. Wie mühevoll die Wege geebnet wurden, auf denen sie heute schreiten, ist ihnen oft schwer vorstellbar.

2.

Meine Kindheit war reich an Innovationen, gegen die es stets sehr viele Argumente gab. Als etwa die Anschnallpflicht eingeführt wurde (zunächst nur auf den Vordersitzen), war der Autofahrer – und seltener: die Autofahrerin – über die Maßen empört. „Gefesselt" musste man nun in seinem eigenen Fahrzeug sitzen, verschwitzte sich unterhalb des Gurtes das saubere Hemd – und war es nicht sogar gefährlich, ohne den gewohnten Bewegungsfreiraum auf die Anforderungen des Verkehrs reagieren zu können? Was, wenn das Auto zu brennen anfing oder in einen Fluss stürzte – würde man sich rechtzeitig aus den Gurtschlingen befreien können? Und hatte der Staat überhaupt das Recht, dem Bürger vorzuschreiben, wie er sein eigenes Leben zu schützen habe? Da konnte man ja gleich das Rauchen verbieten!

Ach ja, geraucht wurde überall. Im Zug, am Flughafen, im Flugzeug, im Büro, im Sprechzimmer des Arztes, bei Regierungs- und Redaktionssitzungen, im Restaurant, im Wohnzimmer. Im Auto gab es Aschenbecher in jeder Tür, wichtig war auch der Anzündeknopf. Bei Fernsehdiskussionen und -interviews wurde geraucht. Manche Journalisten moderierten mit der Kippe in der Hand, in einer aufwendigen Choreografie aus Sprechen, Anzünden, Sprechen, Inhalieren, Sprechen, Abaschen, Sprechen, Ausdämpfen. In einer legendären Literatursendung mit Friedrich Dürrenmatt und Marcel Reich-Ranicki gelang es Ersterem im Zuge heftigen Qualmens sogar, den Studioaschenbecher in Brand zu setzen. Was ich bei meinem Studienbeginn 1984 nicht mehr erlebte, war das Rauchen im Hörsaal. In Spielfilmen aus den vierziger Jahren kann man sehen, wie sich Menschen sogar im Krankenhaus am Patientenbett eine Zigarette anzünden.

Man kann sich nie sicher sein, was verrückt ist oder vielleicht doch eine gute Idee, was normal und was irrational, weil einen Geschichte und Gewöhnung nicht selten eines Besseren belehren. Manchmal geht gesellschaftliche Veränderung so schnell, dass eine Generation der nächsten davon erzählt wie aus grauer Vorzeit. Was heute vollkommen vernünftig erscheint, löst Jahrzehnte später ungläubiges Kopfschütteln aus. Wir dürfen davon ausgehen, dass auch so manches von dem, was wir im Augenblick für gut und richtig halten, von diesem Schicksal ereilt werden wird.

Eines Tages gab es einen neuen Frauenberuf, der noch dazu im öffentlichen Raum sichtbar war: die Politesse. In Wien wurden Politessen ab 1965 eingesetzt, in den Bundesländern deutlich später, etwa in Graz ab 1972. Politessen arbeiteten im Polizeidienst, waren aber keine richtigen Polizistinnen. Sie durften ausschließlich in der Überwachung des ruhenden Verkehrs tätig sein, und das bedeutete im Wesentlichen: Strafzettel fürs Falschparken verteilen. Sie trugen Uniformen mit Röcken, deren Schnitt und Schick ausgiebig diskutiert wurde. Ebenfalls diskutiert wurde die Frage, ob es für männliche Autofahrer nicht demütigend sei, von Frauen zurechtgewiesen, belehrt oder gar abgestraft zu werden. Peinliche Situationen ergaben sich, wenn man zu seinem falsch geparkten Fahrzeug zurückkehrte und feststellen musste, dass mit der Vertreterin des schwachen Geschlechts so gar nicht darüber zu verhandeln war, ob sie nicht ein

Auge zudrücken konnte. Musste man denn wirklich dermaßen erbittert auf seinem Strafzettel bestehen, nur weil man Angst hatte, nicht ernst genommen zu werden? Megärenhaft war das. Männliche Polizisten waren da viel kulanter.

Außerdem stellte sich natürlich immer die Frage, warum diese Frauen sich für einen derartigen Beruf entschieden hatten. Bei den Hässlichen war es klar: Sie fanden keinen Mann. Aber es waren ja auch Hübsche dabei – hatten die das nötig? Zudem gab es lustige Wortspiele à la „Gott sei Dank dürfen Frauen nicht den Verkehr regeln – hahahah!"

Doch eine kleine Lücke im Denken war geöffnet, und die ließ eine neue Frage zu: Könnten Frauen nicht eventuell, und wirklich nur ganz vorsichtig spekuliert, eines Tages richtige Polizistinnen sein?

Es war natürlich klar, dass man Frauen nicht mit Waffen ausstatten konnte. Warum? Na weil ein Verbrecher einer Frau die Waffe sofort aus der Hand gewunden hätte! Überhaupt das Körperliche: Im Nahkampf wäre eine Frau sofort unterlegen, und bei einer Verfolgungsjagd wäre ihr der Kriminelle mühelos davongerannt. Also nein, es war nicht denkbar, dass Frauen eines Tages vollwertige Polizistinnen sein würden.

Diese Diskussionen zogen sich durch die siebziger und achtziger Jahre des vergangenen Jahrhunderts. Gelegentlich blitzte die ketzerische Frage auf, inwiefern eigentlich jene stark übergewichtigen und schon im Schritttempo nicht besonders wendigen

Polizisten, die man bisweilen im Streifendienst sah, bei Nahkampf und Verfolgungsjagd reüssieren konnten. Und wie kam es, dass in anderen Ländern, wo es Polizistinnen bereits gab (etwa den USA), diese nicht im großen Stil von Verbrechern ausgeknockt und ihrer Waffen beraubt wurden?

Aber auch die Gegner waren kreativ. Sie bereicherten die Debatte um das unwiderlegbare Argument, dass es auf der Polizeischule ja gar keine Damentoiletten gab, weshalb eine Ausbildung von Frauen dort selbstredend unmöglich war.

Irgendwie fand sich dann wohl doch eine Lösung für die Toilettenproblematik. Vereinzelte Polizistinnen durften schließlich den Verkehr regeln oder bei der Kriminalpolizei die Vernehmungen von Vergewaltigungsopfern führen. Ausgestattet waren sie mit einer Trillerpfeife, eine Waffe tragen durften sie nicht. Bis 1991. Es gab keinen Knall, keinen Aufschrei, keine Sensation. Eines Tages waren sie einfach da: richtige, den männlichen Kollegen gleichgestellte Polizistinnen – ganz zu Beginn in die viel zu großen Männeruniformen eingekleidet, was aussah, als wollte man noch einmal mahnen: Es sind große Fußstapfen, in die ihr da tretet.

Die Person, die im Hintergrund die politischen Fäden zog, war Johanna Dohnal, die im selben Jahr Frauenministerin geworden war. 1993 trat das von ihr initiierte Bundes-Gleichbehandlungsgesetz, das die Gleichbehandlung von Männern und Frauen im Bundesdienst festlegte, in Kraft.

3.

In einer pointierten Erzählung aus dem Jahr 1918 mit dem Titel „Rückkehr" schildert Alfred Polgar das Schicksal eines Straßenbahnschaffners und seiner Frau. Vor dem Krieg war dessen zwölf- oder mehrstündiger Dienst hart gewesen, das Privatleben allerdings bot Entschädigung. Kam er nach Hause, brachte ihm seine Frau die Pantoffeln, stopfte ihm die Pfeife und lieh ihm ihr bewunderndes Ohr für seine Erzählungen: „Man war zwölf Stunden Sklave draußen, aber dann zwölf Stunden Herr daheim."

Als er aus der Kriegsgefangenschaft heimkehrt, kommt auch seine Frau gerade nach Hause – von ihrer Arbeit als Straßenbahnschaffnerin. Hunderte Frauen, erzählt sie dem Verblüfften, seien nun als Schaffnerinnen tätig. Sie zieht sich die Pantoffeln selbst an und erzählt von ihrem anstrengenden Dienst. Als er seinerseits von Sibirien berichten will, muss er feststellen, dass sie vor Erschöpfung eingeschlafen ist: „Sein Königtum war abgeschafft. Wie das russische."

Was die Frau betrifft, schildert Polgar jedoch keineswegs einen emanzipatorischen Triumph. Sie übernimmt das Königtum nicht, dessen Insignien – die Pantoffeln – sie mehr selbstvergessen als usurpatorisch überstreift. Niemand kümmert sich um ihr leibliches Wohl, niemand schenkt ihr Bewunderung. Alles, was ihr der neue Beruf – zusätzlich zu ihrem alten als Hausfrau und Mutter – bringt, ist völlige Erschöpfung.

1919 beschreibt D. H. Lawrence in seiner Erzählung „Tickets, Please", wie sich der neue Frauenberuf beim Kriegsgegner England ausnimmt. Bei Lawrence sind die Schaffnerinnen keine ausgebrannten Hausfrauen und Mütter, die durch die Abwesenheit der Männer zur Berufstätigkeit gezwungen wurden, sondern junge unabhängige Frauen, die ihre Chance nützen: „The girls are fearless young hussies. In their ugly blue uniform, skirts up to their knees, shapeless old peaked caps on their heads, they have all the *sang-froid* of an old non-commissioned officer."

Draufgängerischen Seefahrern gleich rasen die mit ungewohnter Autorität Ausgestatteten in den Tramwaywaggons dahin. Doch das ist noch nicht alles, denn nicht nur sind die Röcke kürzer, sondern auch die Sitten loser geworden. Den Schaffnerinnen ist ein „Inspector" vorgesetzt, der sich mal mit dieser, mal mit jener von ihnen einlässt, nur um sie stets bald wieder abzuservieren. Irgendwann reicht es den Frauen und sie locken den Casanova in eine Falle. Im Aufenthaltsraum der Remise sieht er sich einem veritablen Amazonenangriff ausgesetzt: „(...) the girls threw themselves upon him with unnatural strength and power, forcing him down." Einige Zeilen später ist ihre Kraft nicht mehr nur unnatürlich, sondern sogar übernatürlich: „They felt themselves filled with supernatural strength."

Sie zwingen den Mann, sich für eine von ihnen zu entscheiden. Die jedoch, auf die seine Wahl fällt, will ihn gar nicht. Nun beschließen sie, selbst zu wählen: „,Who wants him?' cried Laura, roughly. ,Nobody', they answered, with contempt." Doch hofft jede insgeheim, dass der attraktive Chef sie ansieht. Er jedoch sucht nur die zerrissenen und zerstreuten Teile seiner Uniform zusammen. Schließlich lässt man den Gedemütigten gehen.

Die herrlich sarkastische Geschichte zeigt das Ausmaß der befürchteten historischen Umwälzungen: Erst erlangen die Frauen Autorität im Beruf. Schon sind sie nicht mehr bereit, im Liebesleben die Opferrolle einzunehmen. Sie solidarisieren sich und werden handgreiflich, ja brutal.

Die beiden von männlichen Autoren verfassten Erzählungen fokussieren auf die möglichen Auswirkungen weiblicher Berufstätigkeit auf die männliche Würde. Wie die Schaffnerinnen sich selbst sahen, darüber gibt es keine Aufzeichnungen. Womöglich fehlte ihnen die Zeit, über ihre so aufsehenerregende Tätigkeit schriftlich zu reflektieren.

Was hatte es mit dem mittlerweile längst ausgestorbenen Beruf des Straßenbahnschaffners auf sich, dass seine Ausübung durch Frauen solchen Eindruck machte? 1978 sang Wolfgang Ambros in seinem Lied „Schaffnerlos", einem Abgesang auf die zunehmend durch Fahrkartenautomaten Ersetzten: „Hot ana a Schaffneruniform, hot ma früha fost salutiert." Der Schaffner verkaufte Fahrkarten, lochte sie, rief die Stationen aus. Doch es war mehr als nur das. Er hatte die unumschränkte Autorität in seinem Waggon, durfte die Fahrgäste dirigieren und Anweisungen geben.

In dem Wienerlied „Liebe kleine Schaffnerin" aus dem Jahr 1941 heißt es:

„Einsteigen bitte, einsteigen bitte,
Ruft sie jedem laut ins Ohr.
Bleiben Sie bitte
Nicht in der Mitte,
Gehen Sie endlich doch vor."

In der Aufnahme von Franz Schier und Maria Roland hört man auch den recht forschen Schaffnerinnenruf: „Gemma gemma gemma!"

Die weibliche Autorität konnte man sich schmackhaft machen, indem man sie verniedlichte und erotisierte. Man stelle sich vor, ein heutiger Songtexter würde uniformierten Frauen ein derartiges Lied widmen, etwa: „Liebe kleine Justizwachebeamtin".

Das Kommando war durch die Uniform untermauert. Eine Uniform ist etwas anderes als eine Schwesterntracht. Hässlich fand D. H. Lawrence diese neuartige Frauenbekleidung, die Kappen unförmig. Auch mit Röcken – in Österreich-Ungarn waren sie deutlich länger als in Großbritannien – hatten die Schaffnerinnenuniformen einen maskulin-militärischen Anstrich.

Und wie stand es mit den Straßenbahnfahrern, beziehungsweise Motorführern, wie sie damals hießen? D. H. Lawrence schreibt: „Since we are in war, the drivers are men unfit for active service: cripples and hunchbacks." Auch aus Österreich-Ungarn gibt es Berichte, wonach „Kriegskrüppel", die nicht mehr an die Front zurückgeschickt werden konnten, als Motorführer dienten. Ein schwer behinderter und womöglich traumatisierter Mann an der Kurbel war offenbar immer noch besser als eine Frau. Erst spät und nur im äußersten Notfall griff man auf Frauen zurück. So gab es Straßenbahnfahrerinnen beispielsweise in Glasgow und verschiedenen deutschen Städten, für Österreich sind Einzelfälle für Innsbruck, Linz und Salzburg verbürgt.

Erzherzogin Augusta Marie schreibt in ihrem im letzten Kriegsjahr verfassten Werk „Die Frau im Weltkriege" über die Wiener städtischen Straßenbahnen: „Mit der Einstellung von Fahrerinnen wurde erst im Jänner 1917 der Anfang gemacht, allein es zeigte sich bald, daß gerade für dieses Amt, das Geistesgegenwart, körperliche Kraft, Umsicht und Ruhe fordert, sich die Frauen im Großen und Ganzen wenig eignen, daher erst rund 120 Fahrerinnen beschäftigt werden." Eine beachtliche Zahl (wenn sie denn stimmt) angesichts der Problemlage, möchte man meinen. So viele reaktionsschwache, gedankenlose und unruhige Motorführerinnen – war das nicht gefährlich? Doch die Erzherzogin, die selbst wohl nie mit der Straßenbahn fuhr, fügt beruhigend hinzu: „Bisher verschuldeten die angestellten Frauen weder schwere Unfälle noch andere grobe Unzukömmlichkeiten im Dienste, sie zeigten sich willig, anstellig und pflichttreu (...)."

Es verstand sich von selbst, wie man so schön sagt, dass alle Frauen, die hier Jobs von Männern übernahmen, eine deutlich geringere Bezahlung erhielten als jene. Als die Soldaten mit Kriegsende an ihre alten Arbeitsplätze zurückkehrten, war es auch schnell wieder vorbei mit diesen neuen Berufen – in Wien durften nur die Witwen von gefallenen Straßenbahnern etwas länger verbleiben.

Allerdings muss die Motorführerin in den darauffolgenden beiden Jahrzehnten irgendwann wieder zurückgekehrt sein, sonst hätte man es nicht im Jahr 1940 für nötig befunden, eine solche Beschäftigung von Frauen explizit zu verbieten. Als Begründung wurde der Schutz vor gesundheitsgefährdenden Arbeitsbedingungen angegeben. Straßenstaub? Verkehrslärm? Im Zweiten Weltkrieg waren bei den Wiener Verkehrsbetrieben wieder ein Viertel der Beschäftigten Frauen. Vermutlich waren sie primär als liebe kleine Schaffnerinnen tätig.

Das Verblüffende ist: An dieser fürsorglichen Einschränkung aus der NS-Zeit wurde bis 1970 nicht gerüttelt. Erst die Achtundsechziger-Bewegung machte es möglich, die Glaubenssätze neu zu überprüfen. Eine deutsche Studie aus dem Jahr 1969 ergab, dass die gesundheitlichen Bedrohungen für Frauen beim Steuern einer Straßenbahn höchstwahrscheinlich überschätzt worden waren, dass allerdings die hohe nervliche Belastung und die Anforderungen an die Konzentrationsfähigkeit möglicherweise doch ein Beschäftigungsverbot rechtfertigten. Eine durchaus ähnliche Diagnose, wie sie Erzherzogin Augusta Marie 1918 gestellt hatte. Noch immer galten Frauen als durch die Bank nervenschwach und nicht in der

Lage, ihre Aufmerksamkeit zu fokussieren – ein labiles, kränkelndes Geschlecht. Dies durfte man wissenschaftlicherseits ohne Schamesröte behaupten. Dennoch, das Beschäftigungsverbot fiel, und auch, wenn etliche Lehrfahrer rebellierten und sich weigerten, Frauen auszubilden, so trat ab 1970 doch die eine oder andere Fahrerin in Dienst.

Weshalb dauerte es im öffentlichen Busverkehr zwanzig Jahre länger, bis Fahrerinnen eingestellt wurden? Ließ die Straßenbahn durch die Vorgabe der Schienen zumindest symbolisch weniger Freiheit, wodurch ihre Bedienung Frauen eher zugetraut wurde? Doch auch U-Bahnfahrerinnen wurden in Wien erst ab 1991 eingestellt. Was ist es, dass das Fahren, Steuern und Lenken von „großem Gerät" für Frauen so unmöglich erscheinen ließ?

Wer Fahrzeuge steuert, in denen Personen transportiert werden, trägt Verantwortung für die Sicherheit und das Leben derselben und bedarf eines entsprechenden Vertrauensvorschusses. Passiv ist der Passagier, den Fähigkeiten eines anderen Menschen ausgeliefert, der gleich einem Elternteil die Dinge unter Kontrolle haben sollte. Menschliches Versagen im Führerstand, im Cockpit, auf der Brücke kann tödlich sein, es geht also um viel. Zwar zeigt die Erfahrung, dass auch Männer so manches Staats- oder Kreuzfahrtschiff auf Grund setzen können, aber bei Frauen wollte man es lange Zeit nicht einmal auf den Versuch ankommen lassen.

Natürlich ging es immer auch um das Ökonomische, um Einkommen und Jobs, man darf aber ebenso tieferliegende psychologische Mechanismen annehmen. So wie die Menschen die Gurtpflicht auch deshalb ablehnten, weil sie sie daran erinnerte, dass Autofahren gefährlich war, so zog man es aus ähnlich irrationalen Gründen vor, im Zweifelsfall lieber von einem Mann ins Jenseits befördert zu werden. Und auch, wenn wir das Gefühl haben, das alles sei schon sehr, sehr lange her, manchmal ist es das gar nicht: Die ersten beiden Copilotinnen bei der Lufthansa traten 1988 ihren Dienst an. Infolge der langen Ausbildungsdauer gab es die erste Flugkapitänin erst im Jahr 2000.

Doch noch weitaus hartnäckiger war man bei den Austrian Airlines: Im Jahr 2000 wurden Frauen erstmals zum Auswahlverfahren zugelassen. 2001 war die Burgenländerin Petra Wadl die erste weibliche Copilotin im Cockpit einer Linienmaschine, die die AUA-Flugschule ab initio absolviert hatte.

Dabei ist es doch erstaunlich, dass man Frauen das Fliegen so lange nicht zutrauen wollte. Seit Anbeginn der Luftfahrt hatte es Pilotinnen gegeben, die Flugschulen betrieben, sich in Flugwettbewerben bewiesen und Rekorde aufgestellt hatten.

Die Französin Élise Deroche war 1910 die erste Frau der Welt, die einen Pilotenschein machte, zwei weitere Frauen folgten ihr im selben Jahr. Im Ersten Weltkrieg gab es Militärpilotinnen in Russland und Frankreich, darunter die Fürstin Jewgenija Schachowskaja und Hélène Dutrieu, genannt „Der Adler" und Ritter der französischen Ehrenlegion.

Die Pionierin Amelia Earhart lernte 1921 das Fliegen bereits bei einer anderen Pionierin, Neta Snook. 1929 fand in den USA das erste Fliegerderby nur für Pilotinnen statt, das als „Powder Puff Derby" („Puderquastenrennen") in die Geschichte einging. Wenige Monate später wurden die Ninety-Nines gegründet, eine Vereinigung, die neunundneunzig der einhundertsiebzehn Pilotinnen mit Flugschein in den USA vertrat. Trotz der weltweit durchaus beachtlichen Zahl von fliegenden Frauen handelte es sich nach der offiziellen Sprachregelung immer um Ausnahmeerscheinungen, um Einzelfälle, von denen man keinesfalls auf eine generelle Befähigung von Frauen zum Fliegen schließen konnte.

Und leicht machte man es ihnen ohnehin nicht. Die Deutsche Melli Beese, die 1911 ihre Fluglizenz erhielt, musste sogar erleben, wie ihr Flugzeug vor einem Übungsflug so manipuliert wurde, dass es zum Absturz geführt hätte, hätte sie es nicht rechtzeitig bemerkt. Ein lustiger „Streich" ihrer männlichen Kollegen, der tödlich enden hätte können. Als sie sich bei einem mehrtägigen Flugwettbewerb am vierten Tag auf Rang zwei vorgearbeitet hatte, ließ man sie am fünften Tag einfach nicht mehr starten. Das Wetter war schlechter geworden, und Fliegen bei Schlechtwetter sei einer Frau nicht zuzumuten, hieß es.

1953 wurde die Lufthansa neu gegründet, und man hatte all die Pilotinnen der vergangenen Jahrzehnte vergessen, inklusive jene der eigenen Geschichte: So hatte Marga von Etzdorf bereits 1928 als Copilotin einer Junkers F13 für die „Deutsche Luft Hansa" Passagiere transportiert. Und obwohl das Kriegsende erst acht Jahre zurücklag, hatte man wohl auch die von der deutschen Luftwaffe als Überstellungsfliegerin eingesetzte Kunstflugpilotin Beate Uhse vergessen, oder die gefürchteten russischen Bomberpilotinnen, deren berühmteste die „Nachthexen" waren. Dreiundzwanzig Fliegerinnen dieses Nachtbomberregiments hatten im Zweiten Weltkrieg den Titel „Held der Sowjetunion" erhalten. Und der wurde nicht ohne Weiteres an Frauen verteilt.

Bei der 1957 gegründeten AUA erinnerte man sich noch viel länger an nichts. In der Nachkriegsfliegerei wurde Tabula rasa gemacht und von null angefangen und jahrzehntelang damit argumentiert, dass Frauen aus diffusen „körperlichen Gründen" zum Fliegen nicht befähigt seien. Neben der ständig dräuenden Gefahr einer Schwangerschaft natürlich. Doch was für körperliche Gründe konnten das sein? Zum Fliegen war keine außerordentliche Muskelkraft vonnöten. Bartwuchs an und für sich auch nicht.

4.

Wenn wir an Frauen um 1900 denken, haben wir oft die „höheren Stände" vor Augen. Frauen mit großen Hüten und eng geschnürten Korsetts, die nicht studieren und nicht arbeiten durften und geistig ausgehungert ihre Tage bei Klavierspiel und Kreuzstickerei verplemperten, während ihre Brüder Universitätsprofessoren, Advokaten und Fabriksdirektoren wurden.

Damit diese Frauen untätig sein konnten, mussten andere allerdings sehr viel arbeiten. Während die Herren sich große Sorgen um die fragile Konstitution und die hübschen Köpfchen der Damen machten, die sie sich keinesfalls zerbrechen sollten, gab es nicht die geringsten Bedenken hinsichtlich der Arbeitslast, die Dienstbotinnen zu bewältigen hatten. Köchinnen, Aufwartefrauen, Kindermädchen, Zofen und Stubenmädeln hielten den Haushalt rund um die Uhr am Laufen. Sie taten dies ohne gesetzliche Einschränkung der Arbeitszeit, also ohne das Recht auf Pausen oder ausreichende Nachtruhe und mit nur wenigen Stunden Ausgang jeden zweiten Sonntag. Oft kamen sie erst um Mitternacht ins Bett und waren um fünf Uhr morgens wieder auf den Beinen. Dabei waren viele ständig hungrig oder gar unterernährt, da man für ausreichende Mahlzeiten nicht sorgte. Zu essen bekamen die Dienstbotinnen oft nur die Reste vom Tisch der Herrschaft. „Haussklavinnen" nannte sie die Sozialistin Adelheid Popp in ihrer 1912 erschienenen gleichnamigen Broschüre, in der sie auf die verheerenden Arbeitsbedingungen der „weiblichen dienenden Klasse" hinwies. Die Dienstherren und -herrinnen besaßen sogar ein Züchtigungsrecht sowie das Recht, „entlaufene" Dienstboten von der Polizei zurückbringen zu lassen.

Das Gros der Frauen durfte sehr wohl arbeiten, und zwar nicht zu knapp. Obwohl das schwache Geschlecht angeblich so dringend geschützt und geschont werden musste, hatte mit zwölfstündigen Arbeitstagen für Fabrikarbeiterinnen niemand ein Problem. Für Heimarbeiterinnen, Tagelöhnerinnen, Sennerinnen und Mägde gab es nicht einmal diese Beschränkung. Am Land mussten Mädchen spätestens mit neun oder zehn Jahren in den Dienst gehen, Waisen erwischte es schon früher.

„Als ich sechzehn Jahre alt war, konnte man mich als vollwertiges Arbeitstier zu jeder, auch zur schwersten Arbeit gebrauchen", schreibt die 1904 geborene Leopoldine Hammel in ihren Erinnerungen. Dazu gehörte es etwa, bei der Ernte „jede einzelne schwere Garbe dem Mann, der sie auf dem Wagen schlichtete, hinaufzureichen. Man bedenke, das Brotgetreide hatte meistens eine Höhe von über einem Meter. Es kann sich heute wahrscheinlich kein junger Bauer mehr vorstellen, wie schwer so eine Garbe war." Oder das Eishacken, bei dem man für die Lebensmittelkühlung aus zugefrorenen Teichen Platten schnitt und diese durch eine Luke in die sogenannte Eisgrube warf: „Eine ältere Magd und ich mußten nun die Stücke mit Hacke und Schlögel so klein zerschlagen, daß sie einigermaßen wieder zusammenfrieren konnten. In dieser Eisgrube verbrachten wir jeweils drei Tage."

Adelheid Popp, 1869 geboren und 1919 eines der ersten weiblichen Parlamentsmitglieder der Ersten Republik, musste als Kind folgende Erwerbsarbeiten annehmen: Mit acht Jahren: Beaufsichtigen der Kinder eines Perlmutterdrechslers, Annähen von Perlmutterknöpfen auf Silber- und Goldpapier bei demselben. Mit zehn Jahren: Tücher häkeln in einer Werkstätte, und zwar zwölf Stunden am Tag. Nach dem Willen ihrer Mutter durfte sie ab diesem Zeitpunkt nicht mehr die Schule besuchen. Aus Perlen und Seidenschnüren Aufputz für Damenkonfektion herstellen. Kettenglieder aneinanderreihen in einer Bronzefabrik. Daselbst bei einem mit Gas betriebenen Blasebalg löten. Arbeit in einer Metalldruckerei, einer Patronen-, einer Kartonagen- und einer Schuhfabrik, bei einer Fransenknüpferin, einer Weißnäherin, in einer Zuckerwarenfabrik, einer Glas- und Schmirgelpapierfabrik. All das, bevor sie siebzehn Jahre alt war.

Angesichts dessen, dass man Frauen permanent erzählte, sie seien für alles Mögliche zu zerbrechlich, ließ man sie erstaunlich viel schuften. All das Gerede von ihrer körperlichen Schwäche, den zarten Händen und uterusbedingten Beeinträchtigungen stand in einem surrealen Kontrast zu der schweren manuellen Arbeit, die viele von ihnen verrichten mussten. Auch die angeblich so empfindsame weibliche Seele, die vor allem nicht durch allzu viel Bildung oder gar politische Teilhabe aus dem Lot gebracht werden durfte, wurde nicht immer geschont. Zumindest kümmerte sich niemand um die nervliche Belastung von fünfjährigen Mädchen, die alleine die Ziegen oder ein Schippel jüngerer Geschwister hüten mussten.

Aber auch besser situierte Frauen waren berufstätig. Es gab Bäuerinnen, Wirtinnen, Händlerinnen und Gewerbetreibende. In ihrer 1880 erschienenen Erzählung „Lotti, die Uhrmacherin" beschreibt Marie von Ebner-Eschenbach das Leben einer berufstätigen Frau. Adelheid Popp hatte es mit diversen Lehrherrinnen zu tun. Von einer „Zwischenmeisterin", bei der sie das Weißnähen erlernen sollte, berichtet sie gar: „Der Herr Gemahl arbeitete nichts, er brachte die meiste Zeit im Kaffeehaus zu und ließ sich von seiner Frau den Unterhalt verdienen."

Die ersten Telegrafistinnen im Staatsdienst wurden 1872 eingestellt, später gab es auch Postbeamtinnen. Man darf sich über die Situation derselben allerdings keinen Illusionen hingeben. Ihnen war ein Zwangszölibat auferlegt, denn nur kinderlose – unverheiratete oder verwitwete – Frauen wurden angestellt. Obwohl Beamtinnen, waren sie von der staatlichen Krankenversicherung ausgeschlossen, und ihr Gehalt war trotz langer Arbeitszeiten so dürftig, dass es kaum zum Leben reichte.

Ada Christen beschreibt in ihrem 1892 erschienenen Roman „Jungfer Mutter. Eine Wiener Vorstadtgeschichte" eine Frau, die sich durch Erwerbsarbeit von ihrem Ehemann unabhängig macht. Auch den mit dem Ende des Ersten Weltkriegs assoziierten Topos einer vom Krieg beschädigten Männlichkeit, die einer durch Berufstätigkeit emanzipierten Weiblichkeit gegenübersteht, nahm sie darin bereits vorweg:

Der Straßenaufseher Leopold ist aus dem Krieg in Italien mit nur einem Arm heimgekehrt. Er schätzt sich glücklich, eine schöne junge Frau zu haben, allerdings findet diese in ihrer Rolle als Hausfrau und Mutter keine Befriedigung. Als Erstes rebelliert Leni, indem sie sich, nachdem sie die ganze Nacht ihren Säugling betreut hat, untertags ausschläft, anstatt ihrem Mann das Essen zu kochen. Jedoch weiß sie:

> *„Wenn sie nicht arbeiten, nicht alt und häßlich werden wollte vor der Zeit, wenn sie nicht jedes Stück, das da stand und lag, Tag um Tag reiben, fegen, waschen wollte, wenn die Suppe nicht auf ihn wartete, wenn sie das Kind nicht herumschleppte, so durfte ihr Mann sie ausschelten und die Nächte hindurch im Wirtshaus bleiben, er brauchte ihr kein Geld zu geben für sie und sein Kind, er konnte sie am Ende sogar noch schlagen, wenn er volltrunken heimkam ... Das durfte er, weil sie sein Weib war.“*

Bei der Vorstellung, ein Kind nach dem anderen zu bekommen und immer tiefer in das vorgegebene Leben aus freudloser Schufterei hineinzugeraten, graut Leni. Auch vor ihrem Mann graut ihr zunehmend, obwohl er ihr ergeben und freundlich ist – der fehlende Arm, der lose baumelnde Ärmel, der Armstumpf stoßen sie ab. Als sie ihm das grausam ins Gesicht sagt, schlägt er sie. Sie verlässt ihn und ihren kleinen Sohn und begibt sich unter die Fittiche von Madame Margot, einer „unternehmenden Französin“, die einen vornehmen

Salon für Damenbekleidung betreibt. Die gewiefte Geschäftsfrau hilft Leni dabei, das Gericht davon zu überzeugen, dass sie ihren Mann berechtigterweise verlassen hat, sodass sie nicht zu ihm zurückkehren muss. Außerdem beschäftigt Madame Margot Leni als Vorführdame in ihrem Salon, wo sie gegen gute Bezahlung den kostbaren Putz anlegt und damit auf- und abgeht, „so daß die Käuferinnen die Wirkung an einer lebendigen Gestalt erproben konnten."

Leni ist nun unabhängig. Zusätzlich näht sie in Heimarbeit, um sich ihren Traum von einem schönen eigenen Zimmer leisten zu können. Weiß und mit blauen Blümchen bedruckt muss alles sein – Tapeten, Teppich, Vorhänge und Glasampel: „Jetzt waren ja alle Wünsche ihres Lebens erfüllt, dieses Gemach, keinen Mann, kein Kindergeschrei, von allen gehätschelt, bewundert und begehrt, aber doch allein, ganz allein, eine zufriedene, ehrbare Frau."

Leopold indessen verzweifelt, erkrankt, verliert seine Arbeit. Doch er hat Hilfe: Die ledige Hanni, die einst Brautjungfer seiner Frau war, kümmert sich selbstlos um ihn, seinen Haushalt und sein Kind. Auch seiner maroden Finanzen nimmt sie sich an, doch er kommt nicht mehr hoch. Zu guter Letzt stößt er sich in dem blaugeblümten Zimmer seiner Frau – dem symbolischen Raum ihrer Selbstverwirklichung – ein Taschenmesser ins Herz und verblutet zu ihren Füßen.

Ada Christen erzählt diese dramatische Geschichte durchwegs äquidistant. Der Leser kann sich gleichermaßen in die Perspektive der nach Unabhängigkeit strebenden Frau wie in die des verliebten, verlassenen Mannes hineinversetzen – wiewohl das tragische Ende doch Befürchtungen der Autorin hinsichtlich der Auswirkungen von allzu viel weiblicher Autonomie auszudrücken scheint. Die eigentliche Sympathieträgerin des Romans ist die herzensgute, sich aufopfernde Hanni, die dieser Familientragödie die Schärfe nimmt, indem sie zur „Jungfer Mutter" des dabei auf der Strecke gebliebenen Buben wird. Die Geschichte seiner Eltern erfährt er als junger Mann von ihr, als er aus dem Krieg in Bosnien – unversehrt – zurückkehrt. Seine leibliche Mutter nennt sich mittlerweile Madame Madeleine und hat den Modesalon übernommen. Sie ist wohlhabend, angesehen und hat nicht die geringste Absicht, je wieder zu heiraten.

Der Text ist für seine Zeit radikal, indem er den Mann in Passivität und Ohnmacht zeigt. Anders als in der offiziellen Ikonografie ist der Kriegsheimkehrer kein Held, der Dankbarkeit und Bewunderung erfährt, sondern ein an Leib und Seele gebrochener Mensch, der nicht nur von seiner Frau, sondern auch von anderen verachtet wird. Der Krieg hat nicht einen Zuwachs, sondern einen Verlust an Männlichkeit gebracht, der fehlende Arm symbolisiert die Kastration. In starkem Kontrast dazu steht die unermüdliche Tatkraft der Frauen, die arbeiten und ihre Ziele verfolgen – und dabei unwillentlich für den Kaiser die nächste Generation an Kriegern gebären (Leni) und großziehen (Hanni).

Obwohl Ada Christen (1839–1901) eine der wenigen Schriftstellerinnen ist, nach denen in Wien eine

Gasse benannt wurde, ist sie weitgehend in Vergessenheit geraten. Sie war selbst berufstätig, anders als ihre Protagonistin Leni aber weniger aus Gründen der Selbstverwirklichung, sondern weil die für Frauen vorgesehene Versorgungsstaffel Vater – Ehemann immer wieder einbrach und sie in Not geriet. Zwar wuchs sie als Tochter eines Wiener Großkaufmanns in bequemen Verhältnissen auf, musste sich aber nach dessen Tod (als Teilnehmer an der Revolution von 1848 war er zu einer mehrjährigen Gefängnisstrafe verurteilt worden und hatte sein Vermögen verloren) als Blumenverkäuferin, Handschuhnäherin und Wanderschauspielerin verdingen. Die Heirat mit einem ungarischen Großgrundbesitzer enthob sie für vier Jahre von der Notwendigkeit zu arbeiten, doch dann starb auch dieser und Christen geriet erneut ins Elend. Sie versuchte sich mit Stickarbeiten und gelegentlichen Engagements als Schauspielerin, unter anderem im Theater an der Josefstadt, durchzuschlagen. Schließlich konnte sie auch erste Theaterkritiken, Gedichte und Erzählungen publizieren. Eine zweite Ehe mit einem Industriellen ermöglichte es ihr, ein wenig Atem zu schöpfen und einen literarischen Salon zu führen, in dem auch Ludwig Anzengruber, Friedrich Hebbel und ihr Förderer Ferdinand von Saar verkehrten. Doch wirtschaftliche Schwierigkeiten ihres Mannes ließen auch diese Freuden nicht von Dauer sein.

Ada Christen erlebte deutlich, wie hohl das Versprechen, ein Leben lang von Männern versorgt zu werden, sein konnte. Tatsächlich wusste sie, dass weibliche Berufstätigkeit kein Luxus war und es oft genug weniger um den Erwerb von blaugeblümten Stoffen als vielmehr um das nackte Überleben ging.

5.

Als meine Eltern 1964 heirateten, galt noch ein Familienrecht, das in wesentlichen Teilen aus dem Jahr 1811 stammte und dem Mann vormundschaftliche Rechte als „Haupt der Familie" einräumte. Mein Vater erinnert sich noch, dass er seine Zustimmung geben musste, als meine Mutter einen Reisepass beantragte. Die Situation war einigermaßen skurril, insofern als sie diejenige war, die durch ihre Berufstätigkeit den Unterhalt der Familie finanzierte, wodurch sie ihm den Abschluss seines Studiums ermöglichte. Damals konnte der Mann nach geltendem Gesetz seiner Frau untersagen, arbeiten zu gehen (eine Bestimmung, die, wie man sieht, nicht unbedingt zum Tragen kam), er durfte den gemeinsamen Wohnsitz festlegen, sie brauchte seine Zustimmung, um ein Konto zu eröffnen, und hatte nicht dieselben elterlichen Rechte in Bezug auf die gemeinsamen Kinder.

Mit 1.1.1976 trat das Kernstück der Familienrechtsreform, das Gesetz über die persönlichen Rechtswirkungen der Ehe, in Kraft, in dem die Geschlechter endlich gleichgestellt wurden. Damals war ich neun Jahre alt.

Weshalb hat es nach dem Zweiten Weltkrieg so lange gedauert, bis man zumindest der Theorie nach aufhörte, Frauen als Staatsbürger zweiter Klasse anzusehen? In Österreich hatte die katholische Kirche maßgeblichen Einfluss auf die Politik und die ÖVP legte sich quer. Universitätsprofessor Franz Gschnitzer, ÖVP-Abgeordneter zum Nationalrat, legte seine Sichtweise 1951 folgendermaßen dar: „(...) daß, wachsend aus der Verschiedenheit der Geschlechter (...) die Natur dem Manne die aktive Rolle zugeteilt hat und der Frau die empfangende, passive. (...) Daraus erwächst, daß der Mann natürlicherweise die Leitungsgewalt hat." Und er wusste sogar: „Die Frau empfindet das nicht als den Entzug eines Rechtes, sie empfindet das als Schutz (...)."

Doch war Österreich keineswegs das einzige Land, in dem solche Zustände herrschten. Die Situation der Frauen in der Nachkriegsordnung der westlichen Welt war relativ einheitlich. In einer großen Amnesie hatte man die früheren Frauenbewegungen und alles, was an ökonomischer und beruflicher Gleichstellung noch bis in die dreißiger Jahre erreicht worden war, vergessen. Die Frau hatte sich vom Arbeitsmarkt möglichst fernzuhalten und im unbezahlten Sektor tätig zu sein.

Der Faktor Zeit. Die Schriftstellerin Louise Otto-Peters (1819–1895), eine der Mitbegründerinnen der deutschen Frauenbewegung, hatte 1865 eine Vision. 1865 war das Gründungsjahr des von ihr mitinitiierten Leipziger Frauenbildungsvereins – es war wohl ein Gefühl des Aufschwungs und der Hoffnung damit verbunden. In hundert Jahren, dachte sich Otto-Peters, müsste es doch möglich sein, die vollkommene Gleichstellung der Geschlechter zu erreichen. Das Thema an sich müsste bis dahin längst erledigt sein. Und zwar so nachhaltig, dass man sich gar nicht mehr vorstellen würde können, dass es jemals anders war. In ihrem „1965" betitelten Gedicht schreibt sie:

> *Dann giebts nicht Frauenfrage noch Vereine,*
> *Die für das Frauenrecht wie ihr erglüh'n*
> *Dann wär's ein thöricht kindisches Bemüh'n*
> *Für etwas kämpfen das Niemand versagt.*
> *Das spätere Geschlecht wird kaum verstehen*
> *Daß Ihr einst kämpftet, daß Ihr viel gewagt.*
> *Denn keine Schranken wird es um sich sehen.*

Wie enttäuscht sie wohl von den tatsächlichen Zuständen 1965 gewesen wäre. Drei Jahre später erst setzte, von den USA ausgehend, jene Revolution ein, die unser aller Leben nachhaltig veränderte. In der Rückschau darauf kann man sich tatsächlich, wie von Louise Otto-Peters imaginiert, vieles heute nicht mehr vorstellen. Etwa wie Marilyn Webb, als sie 1969 bei einer Versammlung der „New Left" über die Lage der Frauen sprechen wollte, von männlichen Studenten ausgebuht und mit Rufen wie „Take her off the stage and fuck her!" zum Schweigen gebracht wurde. Die neue Frauenbewegung, die im Zuge der Achtundsechziger-Bewegung entstand, hatte es auch mit dem Sexismus der eigenen Kampfgenossen zu tun. Dennoch brachte sie einen spektakulären Umsturz in der gesamten westlichen Welt. Schon in wenigen Jahren waren gesellschaftliche Änderungen erreicht, die uns heute normal und selbstverständlich erscheinen, aber jahrhundertelang „undenkbar" gewesen waren. Der Schub, den die Frauen damals auslösten, hielt über die folgenden Jahrzehnte und bis zum heutigen Tage an.

Man muss konstatieren, dass die Frauenrechtlerinnen des neunzehnten und beginnenden zwanzigsten Jahrhunderts sich hinsichtlich ihrer Hoffnungen in Bezug auf die Reformkraft der Bildung teilweise täuschten. Ein gleichberechtigter Zugang zu den Universitäten würde, dachten sie, automatisch zu gleichberechtigten Berufs-, Einkommens- und Aufstiegschancen führen. Dies hat sich, wie wir heute wissen, nicht ganz so bewahrheitet wie erhofft. Die Frauenbewegung der späten sechziger und frühen siebziger Jahre wäre jedoch ohne die Universitäten nicht denkbar gewesen. Tausende und abertausende Studentinnen und Akademikerinnen nützten die Chance, sich zu politisieren und zu organisieren. All der Widerstand, mit dem Männer Frauen vom Universitätsstudium ferngehalten hatten, indem sie ihre intellektuellen Fähigkeiten desavouierten, war demzufolge durchaus vorausschauend. Wenn Frauen zu denken, zu lernen und zu diskutieren begannen, konnte das irgendwann erhebliche Folgen für die liebgewonnene Geschlechterordnung haben, das hatte man geahnt.

Im deutschsprachigen Raum war für Frauen, die studieren wollten, die Schweiz der erste und lange Zeit einzige Zufluchtsort. Während man sich in Deutschland und Österreich-Ungarn noch jahrzehntelang wehrte, waren an der Universität Zürich schon ab 1840 die ersten Hörerinnen zugelassen. 1867 promovierte die Russin Nadeschda Suslowa – in deren Heimat es ebenfalls ein Hochschulverbot für Frauen gab – dort als erste Frau in Medizin. Der Grund für die Schweizer Großzügigkeit war ein ökonomischer: Man brauchte zur Finanzierung der Universitäten mehr Studierende und deren Studiengebühren. Dennoch ist es amüsant, dass die Schweiz hier eine solche Vorreiterrolle hatte, wenn man bedenkt, dass sie in der Einführung des Frauenstimmrechts geradezu haarsträubend nachhinkte: 1971 wurde es eingeführt (auch dies ein Erfolg der Achtundsechziger-Revolution), im Kanton Appenzell Innerrhoden erst 1990.

Spuren dieser Schweizer universitären Besonderheit finden sich auch in der Literatur. In Heimito von Doderers Roman „Die Wasserfälle von Slunj" heißt es:

„Aber sagen Sie mir, verehrter Herr Doctor, da muß ja Ihre Nichte solche Sachen studiert haben?" „Ja, freilich", entgegnete der alte Eptinger, „sie ist diplomierter Maschinen-Ingenieur." „Na so etwas!", rief

Herr von Wasmut, „ich glaube, das gibt es bei uns garnicht. Die Technische Hochschule hat, so viel ich weiß, keine weiblichen Studenten." „Sie hat in Zürich das Polytechnikum absolviert", sagte Eptinger.

Dass man in Österreich-Ungarn irgendwann – zäh und stückweise – einzulenken begann, ist durchaus den Schweizer Universitäten zu verdanken. Die 1860 in Budapest geborene Gabriele Possanner von Ehrenthal hatte in Zürich und Genf studiert und 1894 zum Doktor der Medizin promoviert, durfte aber in Wien „natürlich" nicht praktizieren. In beispielloser Hartnäckigkeit schrieb sie Bittgesuche an Pontius, Pilatus und auch sonst jeden, der etwas zu sagen hatte, beschäftigte mehrere Minister mit ihrem Fall, richtete eine Petition an das Abgeordnetenhaus, alles jedoch vergebens. Aus gesetzlichen, praktischen und pragmatischen Gründen konnte sie in Österreich keine Ärztin sein. Schließlich wandte sie sich an Kaiser Franz Joseph selbst um die „allergnädigste Bewilligung", und siehe da, dieser hatte ein Einsehen. Possanner konnte ihr Schweizer Diplom nostrifizieren lassen, musste aber im Gegensatz zu männlichen Ärzten sämtliche theoretischen und praktischen Prüfungen nochmals ablegen. Mit siebenunddreißig Jahren hatte sie es geschafft, 1897 promovierte sie als erste Frau in Österreich-Ungarn.

Hätten die Schweizer nicht den Bann gebrochen, wer weiß, wie lange es noch gedauert hätte. So aber wurde es zunehmend genant, ihnen quasi durch die

Blume zu sagen, ihre Diplome seien in Österreich nichts wert. Dies umso mehr, als deutsche und österreichische Frauen ja zumeist die Schweizer Maturitätsprüfung ablegen mussten, da die Curricula an den Mädchenschulen ihrer Heimatländer sich oft auf Hauswirtschaft, Handarbeit, Liedgut und Kirchengeschichte beschränkten und sie nicht hinreichend für ein Universitätsstudium qualifizierten.

Darüber hinaus widerlegte das Schweizer Beispiel die Befürchtung, studierende Frauen würden den universitären Alltag ins Chaos stürzen oder gar das akademische Niveau senken. In Deutschland etwa wurde bei so mancher Zugangserleichterung mit der Begründung operiert, man habe in der Schweiz mit dem Frauenstudium ja gute Erfahrungen gemacht.

Wie traurig so ein Frauenstudium fern der Heimat auch verlaufen konnte, beschreibt die deutsche Schriftstellerin Ilse Frapan (1849–1908) in ihrer 1899 erschienenen Novelle „Wir Frauen haben kein Vaterland. Tagebuch einer Fledermaus“. Darin „entläuft“ die Hamburgerin Lilie Halmschlag von zu Hause, um ohne das Wissen ihres Vaters in Zürich Jura zu studieren. Unterstützt wird sie, wenn nicht moralisch, so doch finanziell, von ihrer Stiefmutter. Diese missbilligt das Vorhaben zwar, zweigt aber dennoch heimlich Geld ab und schickt es ihr. Lilies Schulfreundinnen sind alle bereits „versorgt“, sprich verheiratet, und machen ihren Eltern Freude. Sie aber will lernen und ist zunächst euphorisch:

„All die großen Gymnasien mit den unzähligen Zim-
mern, und kein Plätzchen darin für ein Mädchen,
das etwas lernen möchte! All die mächtigen wissen-
schaftlichen Anstalten, all die uralten berühmten
Universitäten, und nirgends ein Raum für uns Ar-
men! Nur hier! Nur hier! Oh wie ich dich liebe, du
einziges, teures, gerechtes, liebes Schweizerland!"

Im Laufe des ersten Semesters beginnt sie jedoch am
Rechtssystem zu zweifeln. So schildert sie den Fall eines Mannes, der „der Verderber" seiner sechzehnjäh-
rigen Tochter wurde. Zwar wurde er zu zwei Jahren
Zuchthaus verurteilt, das Mädchen aber ebenfalls zu
acht Monaten Gefängnis. Lilie erscheint es unerträg-
lich, dass es Gesetze gibt, die das Opfer des Verbre-
chens bestrafen – die zeitgenössische Rechtsprechung
sah auf Seiten der Tochter eine Mitschuld durch Ver-
führung zur Blutschande. Ilse Frapan drückte damit
ein Rechtsempfinden aus, das mit der heutigen Ge-
setzeslage in völligem Einklang steht, und war damit
ihrer Zeit voraus.

Immer wieder wird das Geld knapp, wenn es der
Stiefmutter nicht gelingt, unbemerkt etwas beiseite
zu schaffen. Lilie muss hungern und in immer noch
billigere, schäbigere Untermietzimmer ziehen. Sie
hält sich aufrecht mit Visionen von dem, was Frau-
en eines Tages leisten würden. Allerdings nicht alle
Frauen. Von den Ehegattinnen und Müttern ist nichts
zu erwarten, die sind zu angehängt. Aber die unver-
heirateten Frauen, die würden Großes leisten für die

Menschheit: „Oh, auf uns muß man rechnen, auf die künftigen Heere von Amazonen des Geistes und der Begeisterung, der Kunst, der Menschenliebe! Wir haben Zeit. Nicht ewig die Kette am Fuß, die sich Familie nennt, nicht ewig die Augen gerichtet auf das Heim und seine Tyrannei!" Zeilen wie diese lassen ermessen, welchen Fortschritt die Erfindung moderner Kontrazeptiva brachte. In Lilies Vorstellung bleibt für Frauen, die sich außerhalb der Familie engagieren wollen, nur der Zölibat. Und doch ist auch in ihren Augen nicht allein die Biologie verantwortlich: „Indem man uns alle freie Bewegung versagte, hat man uns klein gemacht und uns dann höhnend vorgehalten: des Hauses enge Grenzen, das sei unsere ganze Welt."

Der Traum endet, als ein Brief der Stiefmutter einlangt: Der Vater hat herausgefunden, dass sie Lilie Geld für das Studium schickt. Von nun an ist es damit vorbei, keinen Pfennig wird sie mehr bekommen. Er lässt der Tochter ausrichten, dass ihm für „dergleichen hirnverbrannte und kostspielige Experimente" sein Geld zu schade sei, sie möge nach Hause kommen und sich dort „weiblich und bescheiden" verhalten.

Doch Lilie hat eine rettende Idee. Ihre Heimatstadt Hamburg vergibt Stipendien an mittellose Studenten, die dort das „Heimatsrecht" haben, und sie stellt einen entsprechenden Antrag. Nach langem Warten kommt die niederschmetternde Nachricht: „Für studierende Frauen giebt es weder private noch staatliche Stipendien in Hamburg." Frauen haben kein Vaterland, ist Lilies Resümee.

Rund vierzig Jahre und einen Weltkrieg später
schreibt Virginia Woolf: „In fact, as a woman I have
no country. As a woman I want no country. As a woman, my country is the whole world." In ihrem 1938
erschienenen Essay „Three Guineas" beklagt auch sie
die mangelnden Bildungsmöglichkeiten für Frauen.
Auf das Vaterland, das auf Nationalismus und Mi-
litarismus setzt, kann sie indessen verzichten. Die
Rechtlosigkeit der Frauen, die ihre Heimatlosigkeit
begründet, entbindet sie auch von der Teilnahme am
Kriegstreiben und gestattet ihnen Weltbürgertum und
Pazifismus.

Ilse Frapan, die selbst aus Hamburg stammte und in
Zürich Botanik und Zoologie studierte, verarbeitete
das Thema Frauenstudium in einem weiteren Werk,
dem 1903 erschienenen Roman „Arbeit". Die Rezep-
tion desselben zeigt, dass auch in Zürich die Toleranz
gegenüber Frauen ihre Grenzen hatte: Er geriet zum
Skandal.
   Die Protagonistin des Buches ist Josefine Geyer,
Hausfrau und Mutter von vier Kindern. Als ihr Mann
Georges, ein Arzt, ein nicht näher genanntes Verbrechen begeht (es gibt Hinweise darauf, dass es sich um
ein Sexualdelikt handelt) und zu fünf Jahren Gefängnis verurteilt wird, bricht die Fassade der Normalität
zusammen. Die Familie rät ihr, sich aufs Land zurück-
zuziehen, ihr Vater und ihre beiden Schwager würden
für ihren Unterhalt sorgen. Josefine aber beschließt,
Medizin zu studieren, um die Praxis ihres Mannes

übernehmen zu können. Sie nimmt Pensionäre in ihr Haus auf, ebenfalls Studenten, und beginnt mit der Arbeit, die für sie die Funktion hat, sie von ihrem Unglück abzulenken und wie Opium zu betäuben: „Ich muß etwas tun, ich muß einen Beruf haben, sonst geh ich zu Grunde."

Gleichzeitig konfrontiert das Medizinstudium sie mit der Realität derer, für die Arbeit etwas ganz anderes bedeutet, nämlich den Niedergang der Gesundheit und einen frühen Tod:

> *„Man führte ihn vor die scheußlichen Wunden der Arbeit, zeigte ihm die Phosphornekrose der Phosphorarbeiter, die an der langsamen Fäulnis der Kieferknochen durch das Gift zugrunde gehen. Man zeigte ihm die quecksilbervergifteten Spiegelarbeiter, die bleivergifteten, in unheilbaren Blödsinn verfallenen Maler, die rhachitischen Kinder, die in feuchten Kellern feinste Gewebe und Spitzen weben mußten (...). Man führte die Fragenden zu den Opfern der Maschinen, zu den von den Zahnrädern Gepackten, von den Transmissionen Umhergeschleuderten, von den Dampfhämmern Zerschlagenen, von den giftigen Gasen Erstickten, von den elektrischen Strömen Verbrannten, von feuerflüssigem Metall Verbrühten."*

Wie schon bei der Studentin in „Wir Frauen haben kein Vaterland" führt auch hier das Studium zum Nachdenken, zur Sozialkritik, zum fundamentalen Zweifel an der herrschenden Ordnung. Die Tätigkeit

des Arztes erscheint unsinnig, solange nicht die Ur-
sachen für all die Unfälle und Krankheiten beseitigt
werden, oder sinnvoll nur in Hinblick auf die eigene
Existenz, die durch das beständige Leid der anderen
ermöglicht wird. Den Patienten aber könnte man
durch gesunde Ernährung und menschliche Arbeitsbedingungen weit mehr helfen als durch das Zusam-
menflicken im Nachhinein. Josefine sieht die Absur-
dität darin, einer armen Stickerin, die zwölf Stunden
am Tag über den Stickstuhl gebeugt stehen muss, um
das Nötigste zu verdienen, „Ruhe" zu verordnen. Es
erscheint ihr zynisch, einer tuberkulösen Witwe und
Mutter von drei Kindern, die vor ihrer Erkrankung
siebzehn bis achtzehn Stunden am Tag Knopflöcher
genäht hat, mit feinsten Skalpellen und auf den glän-
zendsten Glastischen erst einen Finger, dann die Hand
und schließlich den Arm zu amputieren. Sie wird nie
wieder arbeiten können, geholfen ist ihr nicht.

Glasklar ist auch Josefines Analyse der Klassen-
verhältnisse, die die Angehörigen des weiblichen
Geschlechts in unterschiedlichen Booten sitzen lassen. Während die bürgerlichen Frauen mehr Arbeit
brauchen, brauchen die Proletarierinnen definitiv
weniger davon. Der Arztberuf, der Josefine Ansehen
und ein ordentliches Einkommen bringen wird, ist
nicht zu vergleichen mit der Arbeit jener, die auf dem
„Schlachtfeld" des industriellen Zeitalters verheizt
werden.

Doch auch Josefines Arbeit am Kolleg und in den
Kliniken wäre nicht möglich ohne die alltägliche Ar-

beit zweier anderer Frauen. Ihren Haushalt führen ein Dienstmädchen, das auch als Köchin fungiert, und Laure Anaise, die in ihrem Status zwischen Dienstbotin und Adoptivtochter changiert und sich um die Kinder kümmert. Dies reflektiert die angehende Ärztin jedoch nicht, es ist selbstverständlich, dass nicht alle Frauen nach Bildung und Ansehen streben können. Ein solcher blinder Fleck im Denken scheint aus einer untergegangenen Welt zu stammen, ähnelt aber durchaus jenem heutiger Karrierefrauen, die die weiblich konnotierten Arbeitsfelder Haushalt, Kinderbetreuung und Pflege an andere, sozial weniger bevorzugte Frauen delegieren und Putzfrau, Aupair und Pflegekraft aus dem kostengünstigen Pool an Dienstleisterinnen aus ärmeren Nationen rekrutieren.

Als Josefines Ehemann Georges nach fünf Jahren Gefängnis nach Hause kommt, ist er körperlich und seelisch ein Wrack. Seine Situation ähnelt jener, wie sie fünfzehn Jahre später, am Ende des Ersten Weltkriegs, für viele Kriegsheimkehrer beschrieben wird. Seine Tochter erkennt ihn nicht wieder, er wiederum kennt nicht die vielen neuen Mitglieder des Haushalts, Laure Anaise und die Pensionäre. Das Leben ist ohne ihn weitergegangen, man hat sich bestens arrangiert. Er ist nun im eigenen Haus ein Fremder, ja, ein Eindringling.

Als Arzt darf Georges nicht mehr praktizieren. Josefine legt die Abschlussexamen ab und übernimmt seine Praxis. Gleich dem von Alfred Polgar in „Rückkehr" beschriebenen Straßenbahnschaffner muss er feststellen, dass die Ehefrau ihn beruflich direkt ersetzt. Josefine ist nun die Herrin des Hauses, das Familienoberhaupt, das für Mann und Kinder den Unterhalt verdient. Die Rollenumkehr findet auch sprachlich ihren Ausdruck, die Frau wird als „stark" beschrieben, dem Mann gegenüber empfindet sie einen „Beschützerinstinkt". Als Georges, der zur Untätigkeit verdammt ist, immer mehr jammert, tobt und randaliert, diagnostiziert sie an ihm in kühler ärztlicher Weise die als typisch weiblich angesehene Krankheit Hysterie.

Das ist es jedoch nicht, was das Buch offiziell zum Skandal werden ließ. Die Empörung richtete sich gegen die Tatsache, dass Ilse Frapan die Zustände an der medizinischen Fakultät schonungslos kritisierte. Die geschilderten Szenen sind grausam. Im Präpariersaal wird die Leiche einer jungen Frau „verteilt", sie hat sich am Vortag mitsamt ihrem Säugling das Leben genommen. An ihren zerstochenen Händen erkennt Josefine, dass sie eine fleißige Näherin war. Der Prosektor macht die zynische Bemerkung, dass man noch keinen Proletarier seziert hätte, „der nicht auch sein bisschen Fett gehabt hätte." Davon angeregt bläst ein Student den Magen der Toten auf, um zu sehen, wie viel so ein „Proletariermagen" wohl fassen könne. Josefine protestiert gegen diese Pietätlosigkeit, doch eine Kommilitonin fordert sie zum Schweigen auf: Sie würde nur die ohnehin prekäre Lage der weiblichen Studierenden unterminieren.

Doch nicht nur den Toten, auch den Lebenden wird jegliche Würde genommen. Ein Professor versammelt die Studierenden um einen Sterbenden und fordert diesen auf, sein Gesicht herzudrehen, damit man seinen Tod auch gut beobachten könne. Josefine erhebt auch hier Einspruch und wird bestraft. Der Professor lässt einen Kranken sich vollständig entblößen und auf einen Stuhl stellen, wo Josefine vor dem versammelten Hörsaal seine Genitalien untersuchen muss. Nicht aus irgendeiner medizinischen Notwendigkeit heraus, sondern als Machtdemonstration, die sowohl für die Studentin als auch für den Kranken demütigend ist.

Ilse Frapans Hauptanklagepunkt ist die Entmenschlichung der Kranken „dritter Klasse", also jener, die zu arm sind, um für ihre Behandlung zu bezahlen, sodass sie als Anschauungsmaterial für die Studenten dienen müssen. Der von ihr geschilderte Umgang mit diesen Mittellosen ist nach heutigen Maßstäben rücksichtslos und brutal, der Patient reduziert zum Material für die Wissenschaft. Sie beklagt, dass Menschen der Unterschicht keinerlei „Schamgefühl" zugestanden wird – heute würde man es Persönlichkeitsrecht nennen. Mit ihrer Empathie für die Kranken stieß die Schriftstellerin jedoch auf wenig Verständnis beim medizinischen Establishment.

Professoren und Studenten der Züricher Medizinischen Fakultät organisierten 1903 einen Protestmarsch gegen den Roman. Weibliche Studierende waren von diesem explizit ausgeschlossen. Es erschien eine offizielle Resolution der Fakultät, und ein Ordinarius nannte das Buch in einer Protestnote, die in verschiedenen Zeitungen abgedruckt wurde, ein „widerwärtiges Pamphlet". Allerdings erwies sich der Skandal als durchaus verkaufsfördernd: Die Buchhändler hatten alle Hände voll zu tun, um die Bestellungen zu bewältigen.

Ein Thema, mit dem die weiblichen Figuren des Romans ebenfalls kämpfen, ist das des sexuellen Übergriffs – vom Vorgesetzten auf die Untergebene, vom Ehemann auf die Ehefrau. Als Josefine nach einem Vergewaltigungsversuch ihres Mannes in das Zimmer ihrer Untermieterin und Freundin der deutschen Mathematikstudentin Helene flüchtet, erwartet sie dort keine Solidarität. Helene hätte Verständnis gehabt, hätte Georges Josefine geschlagen, dass ihm aber die „Liebe" verweigert wurde, findet sie grausam. Außerdem könnte es sein, dass er, wenn er zu Hause keine Befriedigung findet, wieder „Exzesse macht".

Josefine will sich damit nicht abfinden: „Bin ich ein Mollusk, ein Tier? Lieben, wen ich mag, gehören, wem ich mag – das ist mein Menschenrecht."

Doch die Antwort der Freundin lautet: „Als verheiratete Frau hast du kein Recht."

Trotz dieser Erfahrung verhält auch Josefine sich nicht gerade vorbildlich, als Laure Anaise zu ihr kommt, um ihr von den Nachstellungen Georges zu erzählen.

„Ich weiß nicht, was du meinst", ist ihre kühle Reaktion. Schließlich schickt sie das Mädchen zurück zu seiner Familie, das schambehaftete Thema kann mit dem Mann nicht angesprochen werden.

Wie weit sind wir von diesen Zuständen entfernt? Unendlich weit? Seit 1993 gilt in Österreich sexuelle Belästigung am Arbeitsplatz als Diskriminierung aufgrund des Geschlechts. 1989 wurden durch die Sexualstrafrechtsreform Vergewaltigung und geschlechtliche Nötigung in der Ehe oder Lebensgemeinschaft strafbar. Beides ist der ersten österreichischen Frauenministerin Johanna Dohnal zu verdanken. Und dank ihr war man hier der deutschen Gesetzgebung um Längen voraus: Die Vergewaltigung mit Trauschein wurde in Deutschland erst 1997 zum Verbrechen. „Die letzte Bastion fällt", jubelte man in der ZEIT. Für so manche Ehefrau musste es ein seltsames Gefühl gewesen sein, dass das, was sie seit Jahren pflichtschuldigst erduldet hatte, nun einen neuen Namen bekam.

1989 war ich dreiundzwanzig Jahre alt. Ich kann mich noch gut an die Debatten erinnern. Durfte sich der Staat wirklich in etwas so Privates und Intimes wie das eheliche Sexualleben einmischen? (Eine ähnliche Argumentationslinie wie bei der Einführung der Gurtpflicht.) War es nicht furchtbar, wenn unter den Betten, in denen Liebe, Lust und Freiheit herrschen sollte, quasi schon der Staatsanwalt hockte? Und die „ehelichen Pflichten" galten für beide, bitteschön. Es gab genug Männer, die an das Limit des Machbaren gebracht wurden, wenn die Frau von ihnen die Erfüllung ihrer ehelichen Pflichten einforderte! Da sollte es mal ein

Gesetz geben! Mit der Ehe hatte man schließlich per Vertrag seine Einwilligung zum Sex gegeben, die konnte man dann doch nicht wieder bei jeder Gelegenheit entziehen, oder? Und wie sollte so etwas überhaupt geahndet werden, wie wollte man den Wahrheitsbeweis antreten? Da stand doch immer Aussage gegen Aussage. Die Institution der Ehe würde untergraben, das Vertrauensverhältnis in der Familie zerstört werden, Männer würden Angst bekommen, sich ihren Frauen überhaupt noch zu nähern und so weiter und so fort.

Auch an den Aufschrei wenige Jahre später angesichts der Maßnahmen gegen sexuelle Belästigung am Arbeitsplatz erinnere ich mich gut. Was für eine fürchterliche Welt würde es sein, in der jegliche Erotik untersagt war! Wegen jeden Kompliments würden Männer vor den Kadi gezerrt werden! Wollten Frauen denn wirklich wegen eines nett gemeinten Popotätschelns gleich Zeter und Mordio schreien? Wie humorlos, wie unsexy.

Dabei war es damals noch ganz einfach, man musste fürs Popotätscheln nur den Arbeitsplatz verlassen. Frauen im öffentlichen Raum auf den Hintern zu greifen ist erst seit 2015 strafbar.

Gesetze sind wichtig. Aus ihren abstrakten Paragrafenpalästen diffundieren sie in unseren Alltag und verändern – oft in kürzester Zeit – unser Bewusstsein. Heute kann man sich gar nicht mehr vorstellen, dass Vergewaltigung in der Ehe je erlaubt war – über das sprachlich-legistische Mittel, dass sie per definitionem gar nicht existierte.

6.

Im Maturajahr wurden wir eines Tages vom Klassenvorstand informiert, dass wir den Besuch eines Majors des Bundesheeres erhalten würden, der uns in einem Vortrag über die Funktionen und Aufgaben desselben unterrichten wollte. Wir konnten uns kaum vorstellen, inwiefern uns das Thema betreffen sollte – immerhin waren wir eine reine Mädchenschule.

Auf eine merkwürdige und primär visuelle Weise waren wir bereits mit dem Bundesheer vertraut, denn das Gymnasium und Internat der Ursulinen in Salzburg war nicht weit von der Glasenbachkaserne entfernt. Der Anblick von Militärfahrzeugen und olivgrünen Uniformen war nichts Ungewöhnliches für uns. Eine fremde, von der unseren stark geschiedene Welt zeigte sich hier. Aus einer gewissen Distanz betrachtet machten die großen Lastwägen, die farbliche Einheitlichkeit, die Ordnung, die Abzeichen und die schiere Zahl der Männer Eindruck. Ein durchdesigntes System der Macht zeigte sich hier, und man hatte das Gefühl, dass nicht nur Schutz, sondern auch Gefahr davon ausgehen könnte.

Aus der Nähe allerdings sah man Gesichter. Die erschöpften, verschwitzten Gesichter von Burschen, die nur wenig älter waren als wir selbst. Wenn wir einen gemütlichen Spaziergang durch die Glasenbachklamm machten, mussten sie denselben Weg hinauflaufen. Mit Sturmgepäck und angetrieben von Unteroffiziersgeschrei zogen sie an uns vorbei. Manchmal warf uns einer einen verzweifelten Blick zu. In solchen Situationen hatten sie nicht einmal die Kraft uns nachzupfeifen, obwohl sie es manchmal, wenn sie auf den Lastwägen saßen, taten – müde und ohne große Überzeugung, als befolgten sie sogar dabei nur einen Befehl.

Der Major des Bundesheeres, der in unsere Klasse kam, war dagegen eine beeindruckende Erscheinung. Seine Adjustierung war makellos: die Stoffe steif, die Knöpfe blitzend, die Dekorationen präzise ausgerichtet und poliert. Darüber hinaus war er eloquent, ein geschickter Redner, dem es schnell gelang, seine Zuhörerinnen zu begeistern.

Mädchen und Frauen, erfuhren wir, seien für die Landesverteidigung genauso wichtig wie die Soldaten. Unsere Aufgabe sei es, unsere Brüder und Freunde und eines Tages auch unsere Söhne zu unterstützen. Dies beginne, wenn sie ihren Grundwehrdienst leisten mussten, und würde erst recht im Falle einer kriegerischen Auseinandersetzung zum Tragen kommen, wenn der Rückhalt im Hinterland für die kämpfenden Truppen von höchster Bedeutung war. Diese Funktion der Staatsbürgerinnen nannte sich „geistige Landesverteidigung".

Es war die Zeit des Kalten Krieges und des Eisernen Vorhanges. Die Möglichkeit, dass Warschauer-Pakt-Truppen in das strategisch günstig gelegene Österreich einmarschieren könnten, war als Szenario noch nicht vom Tisch.

Uns jungen Frauen erschien eine geistige Landesverteidigung jedenfalls wesentlich angenehmer als eine physische. Die Zeit, in der die gleichaltrigen Burschen nach und nach ihre Stellungsbefehle erhielten, erfüllte uns mit dem Gefühl, privilegiert und bevorzugt zu sein. Auf eine unheimliche Weise, denn warum mussten sie durch den Schlamm robben, sich anschreien und drangsalieren lassen und auf Monate ihrer Freiheit beraubt sein – und wir nicht? Noch dazu, wo laut Auskunft des Herrn Major die feindlichen Truppen an den österreichischen Grenzen ohnehin nur für einen erschreckend kurzen Zeitraum aufzuhalten sein würden, drei oder vier Tage im besten Fall.

Auch die Brüder und Freunde schienen wenig motiviert, Untauglichkeit war das größte Glück. Ein halbwegs vernünftiger Herzfehler war plötzlich ein Lotteriegewinn, Asthma, Epilepsie, verkürzte Beine, gekrümmte Wirbelsäulen wurden aufgeboten ebenso wie ärztliche Atteste, von den der Landesverteidigung ebenfalls wenig zugetanen Eltern organisiert. Die Burschen versuchten, durch exzessiven Kaffeekonsum am Tag der Stellung Tachykardie zu erreichen, oder durch elaborierte sadistische Fantasien beim Psychotest als gefährliche Psychopathen durchzugehen.

Die Möglichkeit des Zivildienstes gab es zwar seit 1975, allerdings musste man vor einer Kommission glaubhaft Gewissensgründe dafür darlegen, weshalb man keine Waffe in die Hand nehmen konnte. Diese erst 1991 abgeschaffte Gewissensprüfung war alles andere als leicht. Idealerweise hatte man die Bescheinigung eines Priesters dabei, der attestierte, dass man ein echter Pazifist war und nicht nur ein tachinierender. Mahnend wurde man darauf hingewiesen, dass man im Falle einer Anerkennung als Zivildiener – nicht ganz unlogischerweise – von einer Stellung im Polizeidienst und vom Erwerb eines Jagdscheines für alle Ewigkeit ausgeschlossen sei. Eine Drohung, die wenig Schrecken barg. Hauptsache, man musste nicht in einer Kaserne wohnen, sich demütigen lassen und auf Zielscheiben in Menschenform schießen.

Nach zwei Weltkriegen war die Bereitschaft, dem Vaterland noch Söhne, das Leben oder auch nur Lebenszeit zu opfern, gering. Wir waren die Enkelgeneration, die Großeltern erzählten noch vom letzten Krieg, manche Großväter hatten Narben oder amputierte Beine, andere hatte man nie kennengelernt, da sie gefallen waren. Schon in jenem Krieg war das Gros der Wehrmachtssoldaten zwar pflichtgetreu, aber ohne jede Begeisterung eingerückt, da man sich noch an den ersten großen Krieg deutlich erinnerte. Dass für den Einzelnen mehr Elend als Ruhm, mehr Schmerzen als Heldentum und eher der Tod als tausendjährige Herrlichkeiten zu erwarten waren, war eine Erfahrung, die auch die Nazipropaganda nicht aus den Gehirnen löschen konnte.

Das war im Ersten Weltkrieg noch anders gewesen, da gab es vor allem in den finanziell bessergestellten Schichten jenen kurzen Moment der Euphorie, der der Fantasie vom Krieg als einem großen Abenteuer geschuldet war. Während es etwa Bauern und Bäuerinnen durchaus klar war, dass es beängstigend schwer werden würde, wenn durch die Mobilmachung nicht nur männliche Arbeitskräfte fehlten, sondern oft genug auch das einzige Pferd, konnte das gehobene Bürgertum von der Möglichkeit zu großen Taten träumen. Und an dieser Stelle, wo die Geschlechter getrennt wurden, Männer gingen und Frauen dablieben, zogen sich wiederum die Trennlinien der Klasse durch die Gesellschaft und ihre Reaktionen auf den Kriegsausbruch.

Für die Frauen, die für ihren Lebensunterhalt auf den Mann angewiesen waren, war das Dableiben ein zweifelhaftes Privileg. Denn das Vaterland bemächtigte sich seiner Söhne, ohne für die von ihnen Abhängigen ausreichend zu sorgen. Die finanzielle Entschädigung, die Ehefrauen und Kinder von Soldaten erhielten, reichte oft nicht für das Nötigste. Dies betraf nicht nur die Arbeiterklasse, wo ein Einkommen ohnehin niemals reichte, sondern auch und gerade die Frauen aus dem Kleinbürgertum, die nicht berufstätig waren. Wer nichts auf der hohen Kante hatte, musste sich mit der Propagandabehauptung trösten, dass der Krieg nicht lange dauern und die Durststrecke bald überwunden sein würde. Die Kriegsbegeisterung der ersten Tage war – abgesehen von den inszenierten Elementen – vielleicht bei vielen auch ein Mittel der Realitätsabwehr. Lieber gemeinsam jubeln als alleine Angst haben. Ohne ein ausgleichendes Sozialsystem war Mittellosigkeit verbunden mit Hunger, verschimmelten Elendsbehausungen und in der Folge Krankheiten von Rachitis bis zur „Wiener Krankheit" genannten Tuberkulose – kurz, das Leben im Hinterland konnte ebenso zu körperlichen Verstümmelungen bis hin zum Tod führen wie jenes an der Front.

Bei den bemittelteren Schichten zeitigte die Fantasie vom Krieg als Sinnesrausch und kathartischem Stahlbad einen interessanten Effekt: So manche Frau war neidisch auf die Männer, die daran teilnehmen durften. Rose Macaulay reimte: „Oh it's you that have the luck, out there in blood and muck." Vera Brittain drückte es so aus: „(...) indeed I have wasted many moments regretting that I am a girl. Women get all the dreariness of war and none of its exhilaration." Dies schrieb sie natürlich, bevor die Wirklichkeit der Schlachtfelder manifest wurde, sie ihren Verlobten und ihren Bruder im Krieg verlor und zur Pazifistin wurde.

Das Ausmaß, in dem Frauen an ihrer erzwungenen Untätigkeit in einem System litten, in dem selbst das Lesen eines Buches als schädlich galt, ist noch am ehesten anhand von Arbeitslosenstudien – von den „Arbeitslosen von Marienthal" aus dem Jahr 1933 bis in die Gegenwart – verständlich zu machen. Die Tage ziehen sich endlos hin, der Selbstwert sinkt, die Hoffnungslosigkeit wächst. Während schon junge Mädchen unter diesen psychischen Auswirkungen ihrer Haltung im goldenen Käfig zu leiden hatten, klagten ihre Brüder über die Anstrengungen, die das Gymnasium und die Universitätsstudien erforderten, und sprachen gar von Neid auf die Schwestern, denen diese erspart blieben. Die Schwestern wiederum hätten gerne mit ihnen getauscht, anstatt sich mit banaler Konversation und dem Aussuchen von Posamentierwaren zu begnügen.

Dass es nicht nur Arbeit ist, die – wie in Ilse Frapans gleichnamigem Roman – eine wichtige psychohygienische und gegebenenfalls therapeutische Funktion hat, sondern auch andere Formen von Aktivität, zeigt folgender Dialog aus Flauberts „Madame Bovary":

> *„Denn schließlich", sagte Emma, „wenn es um die Existenz von euch Männern schlecht bestellt ist, dann könnt ihr euch eine andere suchen; ihr habt die Jagd, Pferde, ihr könnt reisen, ihr habt die Freiheit, was weiß ich? Schlechthin alles. Aber wir armen Frauen sind sogar der lauten Zerstreuungen beraubt, die doch so tröstlich sein müssen! Und wir müssen ständig schweigend in unserer Einsamkeit bleiben."*
> *„Klagen Sie nicht darüber!", entgegnete Rodolphe. „Das kommt der Entwicklung des Herzens zugute."*

Vor diesem Hintergrund scheint auch der Neid auf das Am-Krieg-teilnehmen-Dürfen der Männer nur folgerichtig. Vor allem, solange der Krieg mit Bewegung, Sinn, Spaß, Reisen, Kameradschaft und der Gelegenheit, sich zu bewähren, assoziiert war, war das nutzlose Zuhausebleiben für manche Frauen nur eine weitere Kränkung. Mit den ersten Verwundeten und Gefallenen wurden die Neid- durch Schuldgefühle ersetzt: Die Männer opfern sich für uns, während wir in Sicherheit sind.

Besonders groß mussten rückblickend die Schuldgefühle jener Engländerinnen gewesen sein, die zu Kriegsbeginn an einem heute grausam, ja mörderisch anmutenden Ritual teilnahmen – das allerdings von einem Mann erdacht worden war. Da es in Großbritannien keine Wehrpflicht gab und die Armee auf Freiwillige angewiesen war, hatte der pensionierte Admiral Charles Cooper Penrose-Fitzgerald die Idee, zögerliche Drückeberger von Frauen mit Schande überhäufen zu lassen. In der „White Feathers"-Kampagne zogen sie als Rekrutiererinnen durch die Straßen. Männern, die keine Uniform trugen, überreichten sie publikumswirksam weiße Federn, um sie per öffentlicher Beschämung zur Kriegsteilnahme zu bewegen. Natürlich handelten die Frauen dabei im besten Glauben, das Richtige zu tun. Wenige Jahre später aber mag so mancher die Frage durch den Kopf gegangen sein, ob dieser oder jener junge Mann, dem sie so leidenschaftlich mit einer Feder den Weg gewiesen hatte, nicht nun durch ihre Tat verstümmelt oder tot sei.

Etwas weniger offensiv agierte man in den Ländern mit Wehrpflicht, aber auch hier wurde die patriotische Unterstützung der Frauen inszeniert. Aus dem Deutschen Reich gibt es Propagandafotos, auf denen Frauen ihren einberufenen Männern bei der Verabschiedung mütterlich forsch das Revers richten oder gar auf dem Weg zum Bahnhof lächelnd das Gewehr tragen. Diese Bilder unterscheiden sich von der traditionellen Ikonografie, in der die Frau beim Abschied von ihrem in den Krieg ziehenden Gatten weint, die Hände ringt oder sich an ihn klammert, er hingegen stark ist und sie tröstet. Gerade weil die Frauen auf den neuen Darstellungen durch ihre Entschlossenheit, den energischen Schritt und das Schultern des Gewehres so „emanzipiert" wirken, entsteht für den heutigen Betrachter ein irritierender Eindruck: Als würden die Ehemänner von ihren modernen, mutigen Frauen regelrecht zur Schlachtbank gedrängt.

Das jahrhundertelang beschworene Bild vom Mann als Held, Retter und Beschützer, das im Frieden die Basis so vieler angenehmer Privilegien war, hatte nun den entschiedenen Nachteil, dass Männer bereit sein mussten, sich ihrer Freiheit berauben, gefährden und nötigenfalls umbringen zu lassen. Keineswegs alle waren damit glücklich. Je älter sie waren, je mehr berufliche Pläne und familiäre Bindungen sie hatten, desto weniger vermochte der große Freudenrausch auf sie überzugreifen. Von der österreichisch-ungarischen Mobilmachung wird berichtet, dass es nach dem alkoholgeschwängerten Abschiedsjubel am Bahnhof in den Waggons oft recht still wurde. Doch so manche Frau, der die Legende vom männlichen Heldentum von klein auf beigebracht und in Fleisch und Blut übergegangen war, bestand nun darauf. Die Grazerin Itha J. schildert in ihrem Tagebuch vom 8. August 1914, wie ihr eine Bekannte von Männern erzählt, die über ihre Einberufung ganz unglücklich seien. Dies veranlasst sie zu dem Ausruf: „Der eine ist eben eine Memme, der andere ein Mann!" Und: „Männer, die in diesen Tagen jammern, sind erbärmliche Wichte! Jammern dürfen nur wir Frauen, wir Wartenden, Daheimgebliebenen."

Daraus konnte später durchaus ein Vorwurf werden: Weshalb haben Frauen nicht pazifistischer reagiert, den Krieg verhindert, ihre Männer und Söhne beschützt? Der 1876 in Budapest geborene Schriftsteller Andreas Latzko treibt diese Anklage in seiner Novelle „Der Abmarsch" in der Gestalt eines Landsturmleutnants auf die Spitze. Die Geschichte spielt im zweiten Kriegsjahr im Lazarettgarten einer „kleinen österreichischen Provinzstadt". Einige Kriegsversehrte sitzen plaudernd mit einer Krankenschwester und der Gattin des Landsturmleutnants beisammen. Dieser, der mit „einer schweren Nervenerschütterung, die er sich auf dem Doberdo-Plateau geholt", eingeliefert worden ist, behandelt seine Frau wie Luft. Er hat die wahren Kriegsschuldigen ausgemacht:

„Daß die Frauen grausam sind, das war die Überraschung! Daß sie lächeln können und Rosen werfen; daß sie ihre Männer hergeben, ihre Kinder hergeben, ihre Buben, die sie tausendmal ins Bett gelegt, tausendmal zugedeckt, gestreichelt, aus sich selbst aufgebaut haben, das war die Überraschung! Daß sie uns hergegeben haben – daß sie uns geschickt haben, geschickt! Weil jede sich geniert hätt' ohne einen Helden dazustehen; das war die große Enttäuschung, mein Lieber. Oder glaubst du, wir wären gegangen, wenn sie uns nicht geschickt hätten?"

Wie die Frauen die Mobilmachung verhindern hätten können, dazu hat der Tobende zwei Ideen. Eine davon ist sexuelle Verweigerung – eine Fantasie, die schon Aristophanes in seiner Komödie „Lysistrata" einsetzte, in der er die Frauen von Athen und Sparta mit dieser Strategie erfolgreich einen Krieg verhindern ließ.

Diese Forderung setzt die Annahme voraus, dass Frauen kein oder nur sehr wenig sexuelles Begehren empfinden. Sex ist etwas, das sie Männern gewähren oder verweigern können, selbst macht ihnen Abstinenz aber nichts aus. Da Sexentzug für Männer dagegen sehr schlimm ist, hätten die Frauen dadurch ein enormes Druckmittel in der Hand.

Eine weitere Annahme ist, dass Frauen in einem System, in dem sie explizit eheliche Pflichten zu erfüllen haben, gleichzeitig diese verweigern könnten. Und drittens wird die Existenz von Prostituierten geleugnet, die eine etwaige Sexualnot der Männer auffangen könnten, beziehungsweise müssten diese wohl bereit sein, ebenfalls in Streik zu treten, auf ihr Einkommen zu verzichten und im Dienste des höheren Zieles zu verhungern. Auch Latzkos traumatisierter Offizier glaubt:

> *„Kein General hätt' was machen können, wenn die Frauen uns nicht hätten in die Züge pfropfen lassen, wenn sie geschrien hätten, daß sie uns nicht mehr anschaun, wenn wir zu Mördern werden. Nicht Einer wär hinaus, wenn sie geschworen hätten, daß*

keine von ihnen ins Bett steigt mit einem Mann, der Schädel gespalten, Menschen erschossen, Menschen erstochen hat."

Der zweite Vorschlag des Landsturmleutnants ist mit einer ganz speziellen Anschuldigung verbunden. Die Frauen hätten sich mit derselben Leidenschaft für den Frieden einsetzen sollen, wie sie es für das Frauenstimmrecht taten: „Hast du nie was von Suffragetten gehört, die Minister geohrfeigt, Museen in Brand gesteckt, sich an Laternenpfähle haben anketten lassen für das Stimmrecht? Für das Stimmrecht, hörst du? Und für ihre Männer nicht?"

Natürlich übersieht er dabei geflissentlich, dass ein guter Teil der Frauenbewegung vor dem Krieg genau das getan hatte, nämlich für den Pazifismus gekämpft. Sogar 1915 tagte ein Internationaler Frauenfriedenskongress in Den Haag mit rund eintausendzweihundert Delegierten – auch wenn nur wenige Frauen aus den kriegführenden Ländern teilnahmen. Ein pazifistisches Engagement in der „eisernen Zeit" hätte für sie nämlich tatsächlich bedeutet, den Kämpfern des Vaterlandes in den Rücken zu fallen.

Andreas Latzko, dessen 1917 verfasste Novellensammlung „Menschen im Krieg" in viele Sprachen übersetzt und von allen kriegführenden Staaten verboten wurde, war selbst nach einem italienischen Artillerieangriff in der Nähe von Gorizia als „Kriegszitterer" dienstunfähig geworden. Den Leutnant, der vor einer konsternierten kleinen Gesellschaft im Lazarettgarten die Frauen für das Leid des Krieges verantwortlich macht, lässt er nach dem Motto „Kinder und Narren sagen die Wahrheit" auftreten. Obwohl ihn am Ende der Arzt von vier Wachsoldaten abtransportieren lässt, und obwohl ein anderer Offizier erklärt, es sei ihm wahrlich lieber, ein verletztes Bein zu haben als einen solchermaßen zerstörten Verstand, entsteht doch der Eindruck, dass man mit dem Niederringen des Verrückten auch die eigenen, mit ihm geteilten Gefühle unter Kontrolle zu bringen versucht. Die Frauen, die man wie unmündige Kinder behandelt hat – warum haben sie nicht wie mächtige Mütter agiert?

7.

Die Österreichische Nationalbibliothek besitzt eine Serie gemalter Postkarten aus dem Jahr 1915, die den Titel „Frauen in grosser Zeit" tragen. Darauf abgebildet sind Frauen, die in ehemaligen Männerberufen tätig sind: eine Eisenbahnerin, eine Zeitungsverkäuferin, eine Straßenkehrerin, eine Schaffnerin sowie eine Postbotin. Die adrette Schaffnerin und die lächelnde Postbotin wirken sympathisch. Die Eisenbahnerin ist eine korpulente Matrone, die mit geblähten Backen in eine Trillerpfeife bläst und dabei ihre Signalkelle schwingt – irgendwie lächerlich, aber doch solide. Die Straßenkehrerin und die Zeitungsverkäuferin sind regelrechte Karikaturen, hässliche, elende Weiber mit jeweils nur einem Schneidezahn.

In einer weiteren Postkartenserie von einem anderen Künstler werden unter der Überschrift „Neuer Frauenberuf" die Frauen charmant dargestellt und verniedlichend tituliert. Die Postbotin heißt „Brieftäubchen", eine Auslagenputzerin mit Leiter und Kübel „Ein putziges Mädel". Eine Frau, die auf der Schulter einen schweren Eisblock schleppt – wie sie damals von den Eisfabriken zur Lebensmittelkühlung in die Haushalte geliefert wurden –, wird „Eisblume" genannt. Nur zur Eisenbahnerin ist dem Künstler nichts Griffiges eingefallen, sie heißt „Eine Zugkraft". Allesamt tragen sie Uniformen mit langen Röcken und schneidigen Kappen, sind jung und graziös. Allein der Gesichtsausdruck der „Eisblume" ist ein wenig verkrampft und lässt erahnen, dass weder ihre Last noch ihr Los leicht war.

Ähnliche Darstellungen gibt es auch aus anderen Ländern. Es diente wohl zur Beruhigung, kriegsbedingte Zwangslagen – sowohl der Frauen als auch der sie als Arbeitskräfte benötigenden Betriebe – ins Liebe und Lustige, Skurrile und Lächerliche zu drehen. Und eines war klar: Es handelte sich um Übergangslösungen, die Frauen fungierten als vorübergehende Platzhalter. Und niemals bekamen sie den vollen Lohn jener, die sie ersetzten. In britischen Fabriken verdienten Frauen sogar nur die Hälfte – ein veritabler Schuss ins Knie für die noch vorhandenen Männer, die nun weniger gern eingestellt wurden, weil sie teurer waren.

Dabei hatte der Kriegsbeginn zunächst ein Ansteigen der weiblichen Arbeitslosigkeit ausgelöst, und paradoxerweise waren nicht selten Frauen dafür verantwortlich gewesen. Kleinbürgerinnen entließen Dienstbotinnen, um Kosten zu sparen. Es wurde in großem Stil kostenlos gestrickt, sowohl von Damen des Adels und Großbürgertums als auch von dazu angehaltenen Schülerinnen, die für die Soldaten im Felde allerlei Wärmendes produzierten. Dies hatte existenzbedrohende Folgen für Heimarbeiterinnen und Strickerinnen, die nun keine Aufträge mehr bekamen.

Erst als mit zunehmender Kriegsdauer immer mehr Männer auf den Schlachtfeldern, in den Kriegsgefangenenlagern und Lazaretten verschwanden, wendete sich das Blatt. Arbeit gab es bald genug.

Auf einer französischen Fotografie sieht man Frauen anstelle von Pferden oder Ochsen einen schweren Pflug ziehen. Auf einem englischen Foto schleppt ein schwarz verschmiertes junges Mädchen mit weit aufgerissenen Augen einen riesigen Kohlensack. In Österreich-Ungarn wurden Frauen bei schweren Arbeiten im Straßenbau, der Metallindustrie und im Bergwerk eingesetzt. So verdreifachte sich beispielsweise die Zahl der Frauen in Salzburger Bergbaubetrieben von 1914 bis 1917.

In der Etappe wurden ortsansässige Frauen auch zwangsrekrutiert, wenn Arbeitskräfte etwa für Straßenausbesserungen gebraucht wurden. Es gibt von den „unweiblichen" Arbeiten Schnappschüsse, während es auf den offiziellen Propagandafotos wichtig war, Frauen – wie beispielsweise jene vom „Vaterländischen Hilfsdienst" – bei klassisch weiblichen Tätigkeiten wie Putzen, Kochen, Wäschewaschen und Nähen für die Armee zu zeigen.

An der Heimatfront erschienen Zimmermalerinnen, Tapeziererinnen, Hufschmiedinnen, Schusterinnen, Glaserinnen, Laternenanzünderinnen, Gleisarbeiterinnen, Lokomotivputzerinnen, Gaskontrollorinnen, Schneepflugführerinnen. Die unpraktische Frauenkleidung war ein ständiges Problem. Anders als in Großbritannien, wo Frauen bei guter Rechtfertigungslage bereits häufiger in Hosen auftraten (etwa die in der Landwirtschaft tätigen Frauen der British Women's Land Army), konnte man sich in Österreich meist nur zur Gewährung von eine Handbreit kürzeren Röcken entschließen, oder allenfalls „Beinkleidern" mit einem langen Mantel darüber. Fotos von Frauen in Hosen sind äußerst selten, es finden sich solche von Kohlenarbeiterinnen bei der Bahn und Schwerarbeiterinnen in der Kupferproduktion. Eine ungewöhnliche Ausnahme in ihrer öffentlichen Sichtbarkeit bildeten die Kronenbrotausführerinnen, zu ihren Uniformen gehörten sogar – wie bei den Soldaten – Wickelgamaschen.

Doch es gab noch einen Bereich, in dem die Frauen Hosen anhatten: dort, wo sie als reguläre Soldatinnen dienten. Aus allen Armeen kamen Berichte, wonach sich Frauen als Männer verkleidet und in die kämpfenden Truppen eingeschlichen hatten. Manchmal wusste die Mannschaft davon und hielt es vor den

Offizieren geheim, manchmal waren die Offiziere informiert und verschwiegen es vor der Mannschaft. Oft flogen die Soldatinnen auf, wenn sie verwundet wurden und ins Lazarett kamen.

Die expressionistische Malerin Stephanie Hollenstein beispielsweise schloss sich als Stephan Hollenstein den Vorarlberger Standschützen an und wurde an der Südfront eingesetzt. Ihren Kameraden war ihre Identität bekannt, als jedoch bei einem Truppenbesuch Vorgesetzte auf ihr Geschlecht aufmerksam wurden, schickte man sie umgehend nach Hause. Später erhielt sie das Karl-Truppenkreuz.

Auch in der russischen Armee verkleideten sich Frauen als Männer, manche von ihnen, wie Olga Krasilnikowa oder Natalie Tychmini, erhielten nach ihrer Entdeckung Auszeichnungen. Doch es gab auch offiziell anerkannte Kämpferinnen, so standen bei den Ural- und Donkosaken hunderte Frauen unter Waffen, selbst weibliche Kommandantinnen gab es vereinzelt. Nach der Februarrevolution 1917 wurden eigene Frauenbataillone gebildet.

Die Engländerin Flora Sandes diente in der serbischen Armee als Offizierin und erhielt etliche Auszeichnungen. Ebenfalls in der serbischen Armee kämpfte Milunka Savić, die anstelle ihres Bruders eingerückt war. Mit britischen, russischen, serbischen und französischen Orden ausgezeichnet, war sie die mit Abstand höchstdekorierte Soldatin des Krieges und einzige weibliche Trägerin des französischen Croix de Guerre mit Palmenzweig. In der

Zwischenkriegszeit geriet sie in Vergessenheit und arbeitete jahrelang als Putzfrau.

In Rumänien kämpfte Leutnant Ecaterina Teodoroiu, die zwei Auszeichnungen für Tapferkeit erhielt. Sie starb 1917 im Maschinengewehrfeuer, als sie ihren Zug zu einem Gegenangriff gegen die deutschen Truppen führte. Ihre letzten Worte sollen gewesen sein: „Vorwärts, Männer! Gebt nicht auf! Ich bin bei euch!"

Eine prominente Soldatin der österreichisch-ungarischen Armee war Korporal Marie von Fery-Bognar. Als Auszeichnung für ihre Tapferkeit verlieh ihr Kaiser Franz Joseph eine goldene Brosche, in die seine Initialen eingraviert waren.

Die einzige Frau, die mit dem Franz-Josephs-Orden ausgezeichnet wurde, war eine Frau von Turnau, Gattin des Kreiskommandanten in Lublin. Obwohl selbst keine Soldatin, soll sie bei Kämpfen in den Karpaten eine wankende Abteilung gehalten und wieder zum Sturm angefeuert haben.

An der Dolomitenfront kämpfte Viktoria Savs, die Tochter eines Schusters aus Meran. Sie erhielt unter anderem die Tapferkeitsmedaille in Bronze, das Karl-Truppenkreuz sowie die Große Silberne Tapferkeitsmedaille. 1917 wurde sie von einem durch einen Granateinschlag herabstürzenden Felsen schwer verwundet und verlor ein Bein.

Besonders viele Frauen dienten in den für Österreich-Ungarn kämpfenden Polnischen Legionen und in der Ukrainer freiwilligen Ulanen-Schwadron des k.u.k. Heeres. Der ungarische Dramatiker und Journalist Franz Molnár schreibt über sie: „Sie tragen Karabiner, haben den Soldateneid abgelegt, werden befördert und erhalten sogar Auszeichnungen. Nach dem internationalen Recht sind sie ebenso Soldaten wie die Männer; auch wir sehen jene russischen Damen, die in normaler Soldatenuniform kämpfen, als regelrechte Soldaten an."

Berühmt und durchaus häufig fotografiert war „Fräulein" Jarema Kuz, Kadettaspirant bei den Ukrainer Ulanen. Die ukrainische Kriegsheldin Olena Stepanivna wurde für ihren Einsatz in der Schlacht bei Makivka in den Karpaten im Frühjahr 1915 mit der Silbernen Tapferkeitsmedaille ausgezeichnet.

Das klassische Bild der im Krieg arbeitenden Frau ist das der Krankenschwester. In weißgestärkter Haube beugt sie sich als Übermutter der Propaganda über den versehrten Helden, tupft ihm die Stirne mit einem kühlenden Tuch, flößt ihm Tee ein und assistiert dem Arzt. Tatsächlich war die Schwesternarbeit, die das Ausleeren von Bettpfannen, Aufwischen von Blut, Eiter und Gehirnmasse, die Entsorgung amputierter Gliedmaßen oder das Hineinstopfen herausquellender Gedärme in den Bauchraum inkludierte, wenig glamourös. Das Entscheiden, welcher der Verwundeten noch eine Chance hatte und vom Arzt zusammengeflickt werden sollte, und welcher aus Mangel an Kapazitäten seinem Schicksal, also dem Tod überlassen werden musste, die Schlaflosigkeit, der

Dreck, der Lärm, die ungeheuren Verletzungen, die Granaten, Schrapnells, Maschinengewehre, Gas und Flammenwerfer verursachten, und die Gefahr für das eigene Leben, die nicht nur in Frontnähe, sondern vor allem auch im Epidemiedienst bestand – so manche Schwester verkraftete dies nur mit Hilfe von Morphium und kehrte nach dem Krieg, sofern sie sich nicht ohnehin mit Cholera oder Typhus infiziert hatte, gebrochen und süchtig zurück.

Eines der beeindruckendsten literarischen Zeugnisse einer solchen Schwesterntätigkeit in einem mobilen Feldlazarett ist die Erzählung „Blind" von Mary Borden (1886–1968). Sachlich und nüchtern registrierend bewegt sich die Ich-Erzählerin zwischen den Fakten: „There was a man stretched on the table. His brain came off in my hands when I lifted the bandage from his head."

Ein Verwundeter nach dem anderen wird hereingebracht, Uniformen werden aufgeschnitten, Injektionsnadeln blinken, Chirurgen operieren, Medizinstudenten und Sanitäter laufen hin und her. Draußen heult der Wind, das Maschinengewehrfeuer prasselt, und drinnen dampft es von dem kochenden Wasser, das für die Sterilisation verwendet wird, vom Schweiß und Atem der Menschen. Fast könnte man glauben, in einer absurden, hektischen Fabrik zu Gast zu sein. Doch es sind keine Maschinen, die hier zur Reparatur gebracht werden, sondern Menschen, die sprechen, weinen, vor Schmerz aufschreien, und das Leid der Verstümmelten und Sterbenden dringt zu der gut funktionierenden Schwester immer wieder durch. In diesen Momenten schreckt sie auf aus dem somnambulen Zustand, in dem sie sich befindet, dem Glück zu helfen und dem Ehrgeiz, Leben zu retten – und sieht dem Grauen ins Gesicht. Auch sie ist ein Mensch und nicht nur ein Rädchen im Getriebe: „I think that woman, myself, must have been in a trance, or under some horrid spell. Her feet are lumps of fire, her face is clammy, her apron is splashed with blood; but she moves ceaselessly about with bright burning eyes and handles the dreadful wreckage of men as if in a dream."

War es dennoch möglich, dass manche Frauen die Rückkehr an Heim und Herd mit Kriegsende bedauerten? David Mitchell, der für sein 1966 erschienenes Buch „Women on the Warpath" noch mit Zeitzeuginnen sprechen konnte, berichtet dies. Mit der Demobilisierung, schreibt er, endeten für viele britische Frauen rückblickend „the happiest and most purposeful days of their lives".

Ähnlich wie es beim „Penisneid" weniger um den Neid auf einen Körperteil geht als um die Privilegien, die damit einhergehen, war es wohl auch nicht der Krieg selbst, dessen Ende die Frauen bedauerten, sondern das Ende der Freiheit, der sinnvollen Beschäftigung, des Einkommens, der Hosen, der Unabhängigkeit, der Mobilität. Frauen der höheren Stände mussten wieder zurück zu der Ödnis der Teekränzchen in ihren Gesellschaftszimmern, die nicht abgesicherten Frauen verloren mit ihren Jobs auch das Auskommen.

In ihrer ironischen Erzählung „Miss Ogilvy Finds Herself" greift Radclyffe Hall den Topos der von der Demobilisierung schmerzlich in das traditionelle Rollenverständnis zurückgestoßener Frau auf. Der Krieg gibt der titelgebenden Miss Ogilvy die Möglichkeit etwas zu leben, was sie im Kontext der sozial konstruierten Geschlechtszuschreibungen als maskuline Identität definiert. In Frankreich kommandiert sie drei Jahre lang im Rang eines Leutnants eine Ambulanzeinheit. Mit dem Waffenstillstand wird diese aufgelöst und Miss Ogilvy kehrt in das heimatliche Surrey zurück, wo sie ihr kurz geschnittenes Haar wieder wachsen lassen, das Leben einer alten Jungfer führen und, für ihre Leistungen unbedankt, all ihre Illusionen von Freiheit aufgeben muss: „Poor all the Miss Ogilvys back from the war with their tunics, their trench-boots, and their childish illusions! Wars come and wars go but the world does not change: it will always forget an indebtedness which it thinks it expedient not to remember."

Für Österreich-Ungarn ist ein solches weibliches Bedauern angesichts des Kriegserdes, und sei es auch nur als literarische Fantasie, schwerlich vorstellbar. Spätestens ab dem sogenannten Steckrübenwinter 1916/17 war die Versorgungslage verheerend. Ein guter Teil der Bevölkerung hungerte und fror. Die Armee requirierte auf den Bauernhöfen die letzten Lebensmittel, während die überwiegende Zahl der österreichischen Kinder unterernährt war. Wenn es nach stundenlangem Anstehen in eisiger Kälte auf Märkten und in Geschäften wieder nichts zu essen gab, war es mit der weiblichen Sanftheit zunehmend vorbei. In „Hungerkrawallen" forderten die Frauen ein Ende des Krieges, in „Klagebriefen" drängten sie ihre im Feld stehenden Männer dazu, ihr Leben nicht länger zu riskieren und sich mit welchen Mitteln auch immer ins Hinterland versetzen zu lassen. Ein Gesuch um Enthebung oder Beurlaubung wegen Krankheit der Frau, Geburt des Kindes oder eigener unausgeheilter Verwundungen schlugen manche vor, andere die Bestechung des Feldwebels, und wieder andere wurden selbst bei den Behörden vorstellig, um ihre Männer zurückzubekommen.

8.

Die Zeichner, Grafiker und Karikaturisten, die Plakate und Postkarten gegen das Frauenstimmrecht entwarfen, entwickelten beeindruckende Sujets – besonders Briten und Schweizer taten sich in dieser Kunstsparte hervor. Da sieht man etwa auf einem Basler Plakat aus dem Jahr 1927 über dem Schriftzug „FRAUEN-STIMM- & WAHLRECHT NEIN" ein schreiendes Baby, das auf dem Fußboden strampelt, während es sich eine schwarze Katze in seinem Stubenwagen bequem gemacht hat. Hat das Tier tatsächlich den doch nicht allzu häufig vorkommenden Moment der Stimmabgabe genutzt, um den von der Mutter verlassenen Säugling aus seinem Bettchen zu werfen?

Nein, es war nicht das Wählen allein, das große Sorgen bereitete, sondern das „Politisieren", das damit einherging.

Auf einer britischen Postkarte aus dem Jahr 1906 sitzen Frauen um einen Tisch und palavern Pralinen essend, rauchend, Karten spielend, während im Hintergrund ein unglücklicher Ehemann an der Waschrumpel steht und gleichzeitig ein schreiendes Baby hält. Auf einem Schweizer Plakat aus dem Jahr 1946 ist ein kleines Mädchen zu sehen, das in der Nase bohrt und in der Hand eine geknickte Blume hält. Offenbar hätte eine nicht wahlberechtigte Mutter dafür gesorgt, dass das Kind sich schnäuzt und eine intakte Blume bekommt. Die politisch ermächtigte Frau ist auch hier zwangsläufig abwesend. „Muetter, wenn chunsch hei?" – „Mutter, wann kommst du nach Hause?", fragt das Kind.

Auf das Äußerste reduziert ist ein Plakat mit einem riesigen Schnuller, auf dem eine Fliege sitzt. Der Hauch von Verwahrlosung, den es transportiert, ist deutlich. Auf unzähligen Karikaturen ist zu erkennen, dass das Stimmrecht für Frauen die große Gefahr mit sich brachte, außerordentlich hässlich zu werden. Wenn man es nicht vorher schon war: „Suffragettes who have never been kissed", überschrieb ein englischer Karikaturist seine Zeichnung dieser schielenden Verschmähten mit herabhängenden Mundwinkeln und tiefen Zornesfalten. Abgesehen von den verheerenden Folgen für das Äußere und der damit verbundenen Reizlosigkeit auf dem Heiratsmarkt, ist vielen Darstellungen die Annahme implizit, dass Frauen allein durch das Recht auf Stimmabgabe ihr Verhalten komplett verändern würden. Ihr Interesse an Politik würde schlagartig dermaßen groß werden, dass sie unentwegt Versammlungen besuchen und darüber diskutieren müssten. Sie würden praktisch gar nicht mehr zu Hause sein und ihre Kinder alleine lassen, oder allenfalls in der Gesellschaft von ruchlosen Haustieren oder verzweifelten Vätern. Der Haushalt würde unweigerlich verkommen. Welche Frau würde sich noch um Wäsche, Mahlzeiten und gebohnerte Fußböden kümmern, wenn sie wählen dürfte?

In Österreich-Ungarn begann der Kampf um das Frauenstimmrecht im ausgehenden neunzehnten Jahrhundert. Die Sozialdemokratie hatte die Forderung nach dem Frauenwahlrecht 1892 in ihr Programm aufgenommen, die bürgerliche Frauenbewegung begann sich zur selben Zeit dafür zu engagieren. Von den Gegnern wurde unter anderem die Wehrpflicht ins Treffen geführt – nur Männer seien ihr unterworfen, also konnten auch nur sie das Wahlrecht bekommen. In einer Publikation der sozialdemokratischen Frauenbewegung von 1908 mit dem Titel „Her mit dem Frauenwahlrecht!" wird das Gebären und Aufziehen von Kindern als mindestens ebenso wichtige Leistung genannt: „Der Dienst, den die Frau durch die Mutterschaft der Gesellschaft leistet, ist der höchstzubewertende, der ihren Fortbestand erst ermöglicht", heißt es nicht ganz unzutreffend. Darüber hinaus sei dieser Dienst ein lebensgefährlicher, tausende Frauen starben jährlich an den Folgen von Schwangerschaft und Geburt. Die Zahlen bewiesen, argumentierte man, dass Frauen ihr Leben für die Gemeinschaft mindestens ebenso riskierten wie Männer das ihre in Kriegszeiten. Als Hauptargument für das Frauenwahlrecht aber wurde die rasant zunehmende Erwerbstätigkeit der Frauen als nicht mehr zu leugnender Wirtschaftsfaktor angeführt – und das bereits Jahre vor Kriegsausbruch.

Rückblickend lässt sich sagen, dass das Veränderungspotential, das mit dem Frauenwahlrecht einhergehen würde, von Gegnern wie Frauenrechtlerinnen gleichermaßen überschätzt wurde. Die einen befürchteten, die anderen erhofften einen gesellschaftlichen Umbruch, der die Geschlechterrollen vollkommen neu definieren würde. Diese Fehleinschätzung lag vielleicht auch daran, dass man mit demokratischen Strukturen und den ihnen immanenten Möglichkeiten, etwas durchzusetzen oder zu verhindern, generell noch wenig Erfahrung hatte.

1907 hatten in Österreich-Ungarn erst die Männer das allgemeine, gleiche und direkte Wahlrecht erhalten. Davor hatte es ein Zensus- und Kuriensystem gegeben, in dem das Wahlrecht an Besitz und eine bestimmte Steuerleistung gebunden war. Dieses Privilegiensystem beinhaltete ein interessantes Detail: Auch steuerzahlende Frauen durften unter gewissen Voraussetzungen an Gemeinde- und Landtagswahlen teilnehmen. Denn anders als in anderen Ländern konnten österreichische Frauen unter bestimmten Umständen über ihr Vermögen verfügen, daher Steuern zahlen und daher in der Kurie der Großgrundbesitzer wählen. Mit der Einführung des allgemeinen Männerwahlrechts war es damit jedoch vorbei, die wenigen Frauen, die vorher wählen hatten dürfen, durften es nun nicht mehr. Mit anderen Worten: Die betroffenen Frauen durften zwar weiterhin Steuern zahlen, aber Stimmrecht hatten sie keines mehr. Der Klassenkampf hatte sich mit dem Krieg der Geschlechter überschnitten und den Frauen einen Rückschlag verpasst. In einer bitteren Karikatur aus dem Jahr 1907 heißt es über die leer Ausgegangenen: „Sie dürfen dem Staate die Bürger gebären, sie dürfen sie säugen, betreuen und lehren, sie dürfen wie Männer durch Arbeit sich nähren, doch wehe, sobald sie zu stimmen begehren."

Die britischen Suffragetten sind für ihren militanten Aktionismus bekannt. Mit Steinen und Hämmern bewaffnet zogen sie durch die Straßen und schlugen Schaufenster ein. Immer wieder ketteten sie sich an das absurde Gitter, hinter dem weibliche Zuseherinnen auf der „Ladies' Gallery" im britischen Abgeordnetenhaus wie gefährliche Zootiere sitzen mussten, deutlich beeinträchtigt bei dem Versuch, etwas von den parlamentarischen Vorgängen zu hören oder zu sehen. Sie steckten Briefkästen in Brand und legten Bomben in mehreren Kirchen, darunter eine in der Westminster Abbey, die den Krönungsstuhl zerstören sollte, was jedoch misslang. Zu hunderten wurden sie verhaftet, traten in Hungerstreik und wurden brutal zwangsernährt.

Die österreichischen Kämpferinnen für das Frauenwahlrecht agitierten vergleichsweise verhalten. Es gab Reden, Plakate, Demonstrationen, viel Arbeit am Schreib- und Verhandlungstisch, aber keine Gewalttaten. Die Sozialdemokratische Arbeiterpartei hatte das Wahlrecht für alle im Programm. Auf der 2. Frauenkonferenz der österreichischen Sozialdemokratie 1903 erklärte der Parteivorsitzende Victor Adler den Delegierten jedoch, dass sie „zurückstehen" müssten – erst müsse das allgemeine Männerwahlrecht erlangt werden, dann erst, in einem zweiten Schritt, könne man sich um das Frauenwahlrecht kümmern. Damals hatten die Frauen sich solidarisch erklärt und im Interesse der Sache den Männern den Vortritt gelassen. Viele Jahrzehnte später sollte Johanna Dohnal im Rahmen der Debatten um die „Quotenregelung" für mehr Frauen in politischen Funktionen an diesen Verzicht erinnern und an die sozialdemokratischen Männer appellieren, nun desgleichen für ihre Parteigenossinnen zu tun.

Zu Beginn des Ersten Weltkriegs galt es wieder zurückzustehen. Den „Burgfrieden", der die Parteien im Dienste der gemeinsamen Kriegsanstrengung ihre separaten Interessen auf Eis legen ließ, nahmen auch die Frauenrechtlerinnen an. Tatsächlich nutzten sie ihre Netzwerke und Erfahrungen im Organisieren und Mobilisieren umgehend für die Frauenkriegshilfe. „Seite an Seite laßt uns zu unseren Männern stehen, zu Oesterreichs Ehre!", appellierte Marianne Hainisch, die Vorsitzende des Bundes Österreichischer Frauenvereine, an ihre Geschlechtsgenossinnen in einem offenen Brief vom 27. Juli 1914.

Umfangreiche Tätigkeiten wurden im Rahmen der freiwilligen Kriegsfürsorge organisiert: „Labedienst" an den Bahnhöfen, „Liebesgaben" für Frontsoldaten, Ausspeisungen, die Einrichtung von Näh- und Strickstuben als Erwerbsmöglichkeit für arbeitslos gewordene oder ihres Ernährers beraubte Frauen, Verwundetenpflege, das Herstellen von Scharpie (durch das Zerzupfen von Baumwollstoffen gewonnenes Verbandsmaterial) für Spitäler und Lazarette, Kriegskochkurse, Sammlungen von Geldspenden und Naturalien, karitative Aktionen für Flüchtlinge, Mütter und Kinder.

Schon nach einem Jahr Krieg konnte von einer vorübergehenden Adaption der weiblichen Rolle keine Rede mehr sein. In ihren 1915 erschienenen „Erinnerungen" macht sich Adelheid Popp bereits ausführliche Gedanken über die zukünftige Vereinbarkeit von Familie, Haushalt und Erwerbstätigkeit für die Frau. Für Popp ist weibliche Berufstätigkeit nicht nur ein Recht, sondern vor allem ökonomisch notwendig. Wenige Monate des Krieges hätten zehntausende einst „behütete" Frauen in den Arbeitsmarkt gedrängt. Ebenso weist sie darauf hin, dass viele der allein für eine Ehe erzogenen jungen Mädchen wohl aufgrund des „schrecklichen Männersterbens" keinen Gatten mehr finden würden.

Popps Lösungsvorschläge für die Vereinbarkeit von Familie und Beruf sind klassisch sozialistisch, sie plädiert für Kommunalisierung. So fordert sie staatliche Kinderbetreuung und die Einrichtung von Gemeinschaftsküchen. Während Ersteres noch immer aktuell ist, hat sich die Gemeinschaftsküche nicht durchgesetzt. Die Möglichkeit, dass man auch die Ehemänner zum Kochen und Kinderbetreuen heranziehen könnte, ist selbst für eine aufgeklärte Frau wie Adelheid Popp noch nicht denkbar. Kinder und Haushalt sind Frauensache, im Augenblick geht es nur darum, die weiblichen Aufgaben um die Erwerbstätigkeit zu erweitern. Dieser Kampf ist schwer genug, wie ihre Argumentationslinie erkennen lässt: „Das Streben der Frauen nach wirtschaftlicher Unabhängigkeit wird nicht mehr als frauenrechtlerische Schrulle eingeschätzt werden dürfen, sondern als durch die Notwendigkeit und durch die Zeiterfordernisse bedingt." Gleichzeitig macht sie klar, dass mehr Pflichten auch mit mehr Rechten einhergehen müssen: „Die sozial zu höherer Bedeutung gelangten Frauen wird man auch rechtlich nicht mehr anders behandeln dürfen als die männlichen Staatsbürger."

Die Zeichen der Zeit werden auch von den Männern erkannt, allerdings mit etwas mehr Bestürzung. Der im Krieg als Militärpsychiater tätige Arzt und Psychoanalytiker Wilhelm Stekel befürchtet das Schlimmste:

„Zwischen Mann und Weib tobt ein ewiger Krieg, in dem es nur Waffenstillstand, aber keinen dauernden Frieden gibt. Dieser Kampf der Geschlechter

*ruht während des Weltkrieges nur scheinbar, weil
ein gemeinsamer Feind beide Geschlechter zu gemeinsamer Abwehr vereinen sollte. In Wirklichkeit
benützen die Frauen den Krieg, um die Position der
Männer zu erobern und vielleicht dauernd zu beset-
zen ... Zahlreiche Frauen arbeiten bei der Munit-
ionserzeugung, in anderen Berufen, die ihnen bislang
verschlossen waren. Sie werden nach dem Kriege
ihre Forderungen mit erneuter Kraft durchzusetzen
trachten (...).*"

Tatsächlich trachten sie schon während des Krieges
danach. Ab 1916 begannen die österreichischen Frauenvereine wieder für das Frauenwahlrecht zu agi-
tieren, Bürgerliche und Sozialdemokratinnen Seite
an Seite. Im November 1918 war es so weit: Mit dem
Ende der Donaumonarchie und der Ausrufung der
Ersten Republik wurde das allgemeine Wahlrecht für
Frauen beschlossen. „Anfänglich zum nicht geringen
Schrecken der bürgerlichen Abgeordneten, deren Parteien sich bis dahin ohne Ausnahme gegen das Frauenstimmrecht ausgesprochen hatten", kommentierte
Karl Renner. Während sich die Bürgerlichen schreck-
ten, protestierten die Deutschnationalen scharf. Doch
die Sozialdemokratie war nun stark genug, diese Forderung durchzusetzen.

Die britischen Suffragetten hatten weniger Glück.
Zäh und zögerlich kamen die Zugeständnisse. 1918
wurden die schweren Messinggitter vor der Ladies'
Gallery im Unterhaus entfernt. Im selben Jahr wurde

Frauen ab dreißig das Wahlrecht gewährt, die oder deren Ehemänner im Besitz von Grundeigentum waren, sowie Frauen ab fünfunddreißig mit einem abgeschlossenen Universitätsstudium. Männer konnten ab einundzwanzig und unabhängig von Besitz oder akademischen Würden wählen – offenbar waren sie auch arm, jung und ungebildet dazu in der Lage. Gleiches Wahlrecht erhielten die britischen Frauen erst 1928.

9.

Das Patriarchat ist wie ein Axolotl, der abgehackte Gliedmaßen mühelos regeneriert. Dieser aquatische Salamander, dessen natürliches Habitat in den Höhlensystemen am Rande von Mexico City liegt, kann nicht nur abgeschnittene Extremitäten und den Schwanz, sondern sogar ein verlorenes Auge und Teile des Herzens und des Gehirns innerhalb weniger Wochen nachbilden. Auch jenes Gesellschaftssystem, das auf der Ungleichbehandlung der Geschlechter basiert und dem vom Ersten Weltkrieg empfindliche Umbauten verursacht wurden, erholte sich erstaunlich schnell. Die Männer kehrten heim, die Frauen zurück an den Herd.

Dass das Frauenwahlrecht nicht das Potential hatte, die Welt aus den Angeln zu heben, erwies sich recht schnell. Im März 1919 zogen acht Frauen in den österreichischen Nationalrat ein, sieben Sozialdemokratinnen und eine Christlichsoziale. Während der gesamten Ersten Republik blieb der Frauenanteil im Parlament in dieser bescheidenen Größenordnung, nämlich bei rund sechs Prozent. Versuche der Sozialdemokratinnen, das Abtreibungsverbot zu lockern, scheiterten, was bis zur Einführung der Fristenregelung Anfang der siebziger Jahre vielen Frauen das Leben kosten sollte. Adelheid Popp und Gabriele Proft brachten 1925 einen Initiativantrag zur Schaffung eines Gesetzes über die Gleichstellung der Geschlechter im Familienrecht ein – dieser Antrag wurde zur Basis der großen Familienrechtsreform in den siebziger Jahren. Immer die gleichen Themen, immer wieder abgewürgt, immer wieder neu erfleht. Immer wieder dasselbe Gerede von natürlicher Bestimmung, natürlicher Ordnung, natürlichem Unterschied.

1987 stellt Johanna Dohnal fest, dass auch bei der SPÖ der Frauenanteil zu keinem Zeitpunkt höher als zwölf Prozent war, und resümiert: „So kommen wir nicht umhin, der Wahrheit die Ehre zu geben und festzustellen: 70 Jahre Frauenwahlrecht bedeutet auch 70 Jahre das Recht der Männer, von Frauen gewählt zu werden."

Sie selbst war 1979 durch einen Kreisky'schen Coup in die Regierung gelangt, der damals von vielen als regelrechte Wahnsinnstat angesehen wurde. Um den Frauenanteil in der Regierung zu erhöhen, hatte er trotz maximalen Widerstandes in den eigenen Reihen vier neue Staatssekretariate geschaffen und mit Frauen besetzt. Eine davon war die Staatssekretärin für allgemeine Frauenfragen im Bundeskanzleramt Johanna Dohnal.

1979 war ich dreizehn Jahre alt und bekam den Aufruhr am Rande mit. Im profil, das wir zu Hause abonniert hatten, wurde Dohnal als „Kreiskys Xanthippe" porträtiert. Was macht es mit einem jungen Mädchen, wenn es den Eindruck gewinnt, dass die Bestellung von vier Frauen in Regierungsfunktionen einer Revolution gleichkommt? Subjektiv hatte ich nicht das Gefühl, dass meine geistigen Fähigkeiten denen meiner männlichen Altersgenossen unterlegen seien. Dennoch vermittelten mir Medien und Gesellschaft, ebenso wie Teile des persönlichen Umfeldes, dass es da durchaus einen Unterschied gab. Denn warum sonst sollte eine Frau wie Dohnal ein Skandalon und ein Mann wie Kreisky ein bedenklich zu weit gehender Extremist sein?

Im Grunde lebten wir Mädchen der siebziger Jahre in zwei Welten gleichzeitig. In der Volksschule hatten wir noch textiles Werken gelernt – das damals „Mädchenhandarbeiten" genannt wurde –, sollten aber ebenso gut mit Hammer und Säge umgehen können wie die Burschen, denen man es im technischen Werkunterricht beigebracht hatte. Im Gymnasium arbeiteten wir auf ein Studium und eine daraus resultierende Berufstätigkeit hin, während die Großmütter zu Hause noch mahnten, wir sollten unsere Zimmer ordentlich aufräumen, da wir anderenfalls „nie einen Mann finden" würden. Einerseits erklärte man uns, dass wir dieses und jenes nicht bräuchten, da wir ohnehin heiraten würden, andererseits warnte man uns davor, zu früh Kinder zu kriegen, da wir damit unsere beruflichen Aussichten nachhaltig zerstören würden. Wir sollten uns stets fleißig auf unsere zukünftige Karriere konzentrieren, wenn sich aber herausstellte, dass uns bestimmte Berufe gar nicht offenstanden, sollten wir darüber nicht traurig sein, da wir ohnehin eine Versorgerehe zu erwarten hätten. Es war, gelinde gesagt, verwirrend.

Bruno Kreiskys Einsatz für die Frauen entsprang dem Einsatz vieler Frauen. Jener Sozialdemokratinnen, die ihn immer wieder auf spezifische Anliegen hinwiesen. Der Unterschied zu anderen Männern war, dass er auf sie hörte. Dies lag wohl an seinem tiefsitzenden Gefühl für Gerechtigkeit. Und an seinem Realismus, der in folgenden Worten deutlich wird: „Ich habe oft Leute reden hören, gescheite Leute, die anerkennend gesagt haben: Die denkt wie ein Mann. Da hab ich immer unwillkürlich an die vielen dummen Männer denken müssen, mit denen ich in meinem Leben auch zu tun gehabt habe."

Dem „wie ein Mann" als Kompliment entsprach das „wie eine Frau" als Beleidigung. Jahrhundertelang war das so gewesen.

In den 1890er Jahren, als die ersten Frauen als Rednerinnen in die Dörfer gingen, um für den Sozialismus zu werben, dachte man noch an Travestie. Adelheid Popp schreibt: „Es war etwas so Neues, gegen alles Althergebrachte Verstoßendes, Frauen als Rednerinnen auftreten zu sehen, daß man gar nicht glauben wollte, es wirklich mit Frauen zu tun zu haben." Nach so mancher Versammlung unterhielt man sich darüber, ob die Rednerin nicht etwa ein verkleideter Mann gewesen sei: „Denn nur Männer könnten so reden."

10.

Mitte der 2000er Jahre nahm ich an einer Führung in den Stallungen der Spanischen Hofreitschule teil. Ein Pferdestall mitten in der Wiener Innenstadt – er vermittelte mir ein Gefühl der alten Zeit, als sich noch überall Ställe befanden, Pferde die Menschen und Waren transportierten, Rossknödel auf dem Pflaster dampften und das Hufgeklapper ohrenbetäubender Stadtklang war. Nun sah ich sie zum ersten Mal von Angesicht zu Angesicht, die berühmten Lipizzaner. Wir erfuhren, dass es sich bei den anwesenden weißen Pferden, die für die berühmten Dressurvorführungen verwendet wurden, ausschließlich um Hengste handelte.

„Sind etwa Stuten weniger geeignet für die Hohe Schule?", fragte ich müde, aus langer Erfahrung durchaus darauf eingestellt, dass der Sexismus vor Tieren nicht haltmachte. Nein, nein, beschwichtigte mich der Führer, die Stuten seien für die Hohe Schule grundsätzlich genauso gut geeignet. Man könne sie nur nicht gemeinsam mit den Hengsten trainieren. Die Anwesenheit von Stuten würde eine große Unruhe in den

Stall bringen und die Hengste könnten sich auf ihre Aufgaben nicht mehr konzentrieren.

Das Argument hatte ich doch schon mal gehört? Bei der Polizei, der Feuerwehr, dem Bundesheer ... Die Anwesenheit von Frauen würde durch ein Übermaß an erotischen Schwingungen die Männer aus dem Gleis bringen und den ganzen Betrieb ins Chaos stürzen. Der Mensch hatte zwar einen den Tieren überlegenen Verstand, konnte sich aber nicht zusammenreißen. Und homosexuelle erotische Schwingungen gab es ja nicht.

Im Stall war es in der Tat erstaunlich ruhig. Kein Stampfen, kein Scharren, kein Schnauben. Die edlen Hengste wirkten entspannt. Da ich nicht sicher war, ob es aus Pferdesicht überhaupt eine erstrebenswerte Tätigkeit war, sich in komplizierten Sprüngen und Gangarten zu verbiegen, verfolgte ich die Sache nicht weiter. Doch eine zweite Frage ergab sich zwangsläufig aus der ersten: Weshalb waren die Menschen, die diese kostbaren Pferde reiten und trainieren durften, die sogenannten „Bereiter", allesamt männlich?

Nun, es sei eben Tradition, sagte der Führer. Es gehe auch um die optische Einheitlichkeit. Irgendwie würde es ja komisch aussehen, wenn bei den Vorführrungen sieben Männer einreiten würden und mittendrunter eine Frau. Männliche Pferde und männliche Bereiter, das sei eben die Tradition. Das sehe einheitlich aus.

Da gab es also doch noch eine letzte Bastion. Sogar die für ihre Misogynie international beachteten

Wiener Philharmoniker hatten 1997 die erste Frau aufgenommen. Es handelte sich um die Harfenistin Anna Lelkes, die aufgrund des Mangels an männlichen Harfenisten schon zuvor mitgespielt hatte, allerdings nicht als offizielle Wiener Philharmonikerin. Bei Fernsehauftritten hatten die Kameras nur ihre Hände zeigen dürfen. Der Anblick einer ganzen Frau im Männerorchester wäre wohl zu schockierend gewesen.

Der Führer im Lipizzaner-Stall wirkte keineswegs glücklich mit der Argumentationslinie der optischen Einheitlichkeit. Fast hatte man das Gefühl, er hätte lieber etwas Vernünftigeres gesagt. Wenige Jahre später gab es Erleichterung für diese Öffentlichkeitsarbeiter – 2008 wurde mit Hannah Zeitlhofer die erste Frau als „Elevin" für die Ausbildung aufgenommen. 2016 war es so weit: Als erste Frau in der vierhunderteinundfünfzigjährigen Geschichte der Spanischen Hofreitschule in Wien war sie in den Rang eines Bereiters aufgestiegen. Der Optik geschadet hat es mit Sicherheit nicht.

The Blitz Experience

Ein Museum über den Krieg? Dürfte wohl so etwas wie das Heeresgeschichtliche Museum in Wien sein. Aufbewahrung historischer Uniformen, Waffen und so weiter. Warum heißt es nicht „Kriegsmuseum Wien“? Wäre das überhaupt denkbar? „Reichskriegsmuseum“ jedenfalls wäre undenkbar. Wenn ich „Heer“ sage, beschreibe ich nur eine Institution, wenn ich „Krieg“ sage, beschreibe ich, was sie tut. Bei „Heeresgeschichtliches Museum“ kann ich auch an festliche Paraden denken oder Katastropheneinsätze, bei „Kriegsmuseum“ gehe ich direkt auf den Heereszweck zu. Ist das anglosächsische Ehrlichkeit versus österreichische Verschleierung? Mag sein, dennoch gefällt mir „Kriegsmuseum“ nicht, genauso wenig, wie mir das Wiener „Foltermuseum“ gefällt. Das Londoner Foltermuseum hat immer schon „The London Dungeon“ geheißen, hier sind die Rollen von Titeldirektheit und Wischiwaschi vertauscht. Folterkammern sind in allen europäischen Burgen, besonders bei Kindern, beliebt.

Wie immer in Museen, besuche ich zuerst den Shop. Es ist nützlich abzuklären, ob es eine Publikation gibt, in der all die Texte, die an den Museumswänden hängen, abgedruckt sind. Der Erwerb einer solchen Publikation entbindet einen dann von der

Notwendigkeit, Texte stehend und im Gedränge mit anderen Menschen zu lesen. Man sieht sich nur die Exponate an und liest die Textmasse später, auf einer sonnigen Parkbank oder der heimatlichen Ottomane.

Hier, im Kriegsmuseum, gibt es erstaunlicherweise einen eigenen Children's Shop. Was mag dieser wohl enthalten? Pädagogisch wertvolles Material über die horrenden Auswirkungen von Kriegen, kindgerecht aufbereitete Beiträge zur Abrüstungs- und Friedenspolitik, um die kommende Generation auf ein gewaltfreies Weltzusammenleben vorzubereiten?

In der ersten Schütte tummeln sich Teddys im Tarn-T-Shirt. Eine Gruppe von Mädchen probiert Tarnarmreifen an und hält sich Tarngürteltäschchen an den Bauch. Zwei kleine Buben sind an den blechernen Zuckerldosen im Weltkriegsdesign interessiert, deren Inhalt die Aufschrift als Notrationen und Ersatzzuckerln ausgibt. Daneben eine Schütte mit leuchtend gelben Matchbox-Panzern. Im Regal große Coffee Table Books über herrliche Kriegsflugzeuge, hinreißende Kriegsschiffe und herausragende Geschütze.

Im Erwachsenenshop gibt es dasselbe, plus spannende Kriegsromane, aufregende Kriegsfilme et cetera, sowie Küchenschürzen mit dem Aufdruck einer Lebensmittelkarte aus dem Zweiten Weltkrieg. Ich stelle mir vor, mit einer Schürze mit dem Aufdruck einer Karte zur Zuweisung rationierter Lebensmittel in der Küche zu stehen und mir zu überlegen, ob ich den Solo-Spargel in Butter schwenken oder die Kalorien lieber einsparen soll. Ich finde, man sollte das Kriegs-Merchandising-Programm um Küchenschürzen mit Blutflecken und Einschusslöchern erweitern.

Also in das Museum. Ich gehe in die Abteilung Erster Weltkrieg, um für einen Roman zu recherchieren, der zu dieser Zeitenwende spielt. Ich finde ein mehrere Quadratmeter großes Modell der Schlacht an der Somme, auf dem selbst winzigste Mohnblumen (die berühmten Mohnblumen, die ich von einer der ersten farbigen Kriegsfotografien kenne, die unbekümmert, wunderschön, leuchtend rot über die Schützengräben wuchern, sodass ein grauer Soldat, der vorbeigeht, sie sich aus dem Gesicht streichen muss) liebevoll nachgebildet sind. Liebevoll nachgebildet auch der Explosionsqualm, es sind aufgezupfte Wattebausche, unter denen man zur Darstellung der Detonationen rote Glühbirnchen zucken lässt. Meisterhaft die nur einen halben Fingernagel kleinen Konservendosen, der spinnwebenzarte Stacheldraht. Britische Miniatursoldaten in jeder nur erdenklichen Pose gefroren, vorwärtsstürmend mit aufgepflanztem Bajonett, auf die Knie gegangen, die Arme hochreißend nach einem Treffer in die Brust, die Geschütze ladend, sich krümmend im Puppenlazarett. Einer hat den Fuß verloren, die Holzsplitterchen an der Stelle, wo sein Bein abgebrochen ist, sind mit mohnroter Farbe betupft. Weiße Holzkreuzchen bezeichnen Gräber, liegen gar in Granatenkratern (man stellt sich vor, wie die flachen Gräber von Granatentreffern wieder aufgewühlt worden sind), auf einem steht in millimeterwinziger Schrift: „Unknown".

Da steckt zweifellos kreativer Aufwand dahinter, ich komme nicht umhin, dem Tableau einen Art-brut-artigen Charme zuzugestehen. Neben mir ein etwa dreißigjähriger Vater, der seinen etwa sechsjährigen Sohn hochhebt, damit er besser in die Unterglaswelt hineinsehen kann. Der Mann ist begeistert, schnell atmend, gerötet von Adrenalin. Es ist klar, dass er seinem Sohn unbedingt etwas vermitteln will, dass er ihn anstecken will mit seiner Begeisterung, aber Begeisterung wofür? Der Kleine bemüht sich redlich mitzuziehen – vielleicht hat sein Ururgroßvater sein Leben in der Somme-Schlacht verloren.

Das Highlight der Abteilung Erster Weltkrieg ist „The Trench Experience": In einem nachgebauten Schützengraben kann man höchstpersönlich nachfühlen, wie es dort und damals wirklich war.

„The Trench Experience" befindet sich hinter einer so beschilderten Tür, wo es zunächst ziemlich dunkel ist. „Buuuhhhahahaha", sagt ein Vater zu seinen beiden kleinen Töchtern, als ginge er mit ihnen in die Geisterbahn. Es herrscht ein übler, undefinierbarer Gestank, wobei nicht klar ist, ob das der Originalgestank der Schützengräben sein soll oder einfach nur ungelüfteter Museumsbrodem ist.

Plötzlich gehen in einem kleinen Verschlag die Lichter an, eine lebensgroße Soldatenpuppe schläft auf einer Pritsche, daneben spricht eine weitere in ein Feldtelefon. Genaugenommen spricht die Stimme eines Schauspielers vom Band, der, seinen Text reichlich hölzern ableiernd, vorgeblich aufgeregte Soldatenmitteilungen macht.

Um die nächste Biegung des Schützengrabens, der eine bequeme Breite und auch bei aufrechtem Gang vor Schüssen schützende Höhe aufweist (beides war bekanntermaßen nicht immer der Fall), stehen zwei weitere Soldatenpuppen neben einem Holzschild, auf dem „Marketplace" steht, woraus ich schließe, dass sie wohl etwas aneinander verschachern.

In einer kleinen Wandhöhlung kauert eine Puppe, die einen mit einer Glasplatte bedeckten Brief in der Hand hält, den wiederum eine ungerührte Schauspielerstimme vom Band vorliest: „... es ist alles voller Ratten, wir sind über und über bedeckt mit Läusen, die wir aus den Nähten unserer Kleidung herausbrennen müssen ..."

Der Schützengraben ist warm und trocken, fast heimelig. Über seine Ränder quillt zarter Rauch, wohl die Ursache für den Gestank, und wieder weiß man nicht, ob es original rekonstruierter Pulvergestank oder nur der Chemiegeruch von Trockeneis ist. Hinter der letzten Biegung macht sich eine Gruppe von mit Gewehren bewaffneten Soldatenpuppen daran, über die Böschung auf den Feind zuzustürmen, angefeuert von einer wenig überzeugenden Kommandantenstimme vom Band.

Nun will ich auch das Highlight der Abteilung Zweiter Weltkrieg erleben: „The Blitz Experience".

Hier riecht es etwas besser, rämlich nach den konkurrierenden Eau-de-Toilette-Noten der Besucher, die von einem Museumsführer aufgefordert werden, sich auf zwei hölzernen Bänken niederzulassen. Die Tür geht zu, das Licht aus, der Nervenkitzel beginnt. Wieder kommen Stimmen vom Band, diesmal von Männern, Frauen und Kindern. Aha, wir befinden uns in einem Luftschutzkeller, ein Luftangriff steht unmittelbar bevor. Schon flackert das Licht, Trockeneis wallt, die Bänke ruckeln mechanisch bewegt. Ich versuche, mich in die Situation hineinzuversetzen, aber meine Vorstellungskraft versagt. So kann es nicht gewesen sein, selbst bei der „Pirates of the Caribbean"-Fahrt in Disney World hatte ich mehr Angst.

Der Museumsmann führt uns in den nächsten Raum, der eine nächtlich zerbombte Gasse darstellt. Immer wieder lässt er den Lichtkegel seiner Taschenlampe über einen Original-Vierzigerjahre-Kinderwagen gleiten, der halb begraben von malerisch herabgestürzten Gebäudetrümmern dasteht. Die Kinderstimmen vom Band bleiben gelassen, obwohl es angeblich überall brennt. Schwaches Rotlicht flackert hinter einer auf Pappkarton aufgemalten Stadt. Vor dem Ausgang steht eine Essensausgabestelle für die Zerbombten, eine Art Würstelstand mit in die Regale geklebten (Diebstahlsgefahr?) Original-Vierzigerjahre-Schachteln und -Dosen.

Während des Ersten Weltkriegs errichtete man Schauschützengräben in Berlin und anderen deutschen

Städten. Auch im Wiener Prater gab es eine solche Attraktion. Den an der Heimatfront Zurückgebliebenen sollte ein sinnlicher Zugang zum Krieg, ein hautnahes Gefühl für den Frontalltag vermittelt werden, auf dass sie die Krieger dort draußen unterstützten. Als ich die Fotos zum ersten Mal sah, auf denen sonntäglich aufgeputzte Damen und Herren mit Hüten, Sonnenschirmchen, Eingläsern und Spazierstöcken durch die nachgebauten Schützengräben lustwandelten, während gleichzeitig Millionen junger Männer in echten Schützengräben hingemetzelt wurden, konnte ich es kaum fassen. Aus heutiger Sicht, dachte ich, eine Ungeheuerlichkeit, wahnsinnige Zeiten. Heutzutage, dachte ich, wäre so etwas nicht mehr möglich, nur damals, in der Verblendung, als man den Krieg noch als Erlebnis, als Sommerfrische, Herrenpartie, Jagdausflug, Reifeprüfung ansah. Niemand, dachte ich, würde heute noch, nach den Verheerungen zweier Weltkriege, sich zu der ungeheuerlichen Geschmacklosigkeit versteigen, den Krieg als Freizeitabenteuer nachzustellen. Und jetzt: The Trench Experience, The Blitz Experience.

Ich formuliere meine Theorie neu: Zumindest in Österreich und Deutschland wäre es nicht möglich. Nach zwei Weltkriegen, Größenwahn, Massenmord, Niederlage und Schuld wäre so etwas in Wien und Berlin nicht mehr möglich. Zu viele leben noch, die es miterlebt haben, sie schämen sich, all das mitangezettelt oder zumindest nicht verhindert zu haben, schämen sich für die Bomben, sind traumatisiert von den Bomben, die Weltkriege sind noch zu real hier, um sie als Ritterburgspektakel zu inszenieren.

15. März 2005, abends, London, Austrian Cultural Forum

Robert Menasse tritt auf, die Bleikristallkandelaber funkeln. Erich Fried blickt milde von seinem Ölgemälde herab. Im Saal kämpft man um die letzten Sitzplätze, das Publikum ist in gespannter Erwartung und wird nicht enttäuscht. Plötzlich erzählt Robert Menasse etwas Unglaubliches: Anlässlich des Jubiläumsjahres „60 Jahre Zweite Republik" plane man in Wien eine fingierte „Bombennacht" zu inszenieren. Son et lumière, Verdunkelung, Suchscheinwerfer, Sirenen, Detonationslärm, Bombenflugzeugsgetöse.

Schlagartig ist meine schöne, erst wenige Stunden junge Theorie von der Undenkbarkeit von Luftangriffssimulationsevents in Österreich zunichte gemacht. Andererseits, die Geschichte ist so bizarr, dass sie zweifelsohne nur Robert Menasses blühender Fantasie entsprungen sein kann. Nun erzählt er auch noch etwas von einem Kranwagen, der mit einer Belvedere-Balkonattrappe durch Österreich fahren soll, damit jeder Österreicher auf diesen hinaufklettern und daselbst den legendären Figl-Ausruf: „Österreich ist frei!" von sich geben kann. Der Mann musste wahnsinnig sein. Nicht Figl, Robert Menasse meine ich.

Leider hält meine Überzeugung nicht lange an. Vielleicht ist es ja doch möglich, dass Österreich sechzig Jahre nach der Gründung der Zweiten Republik und fünfzig Jahre nach Abschluss des Staatsvertrages der Welt nun zeigen will, dass es den Sprung vom Operettenstaat zum Disney-World-Staat geschafft hat. So wie insgesamt Disney World immer weniger ein Abklatsch der Welt ist, als vielmehr die Welt ein Abklatsch von Disney World. (Einer amerikanischen Freundin musste ich einmal am Römerberg in Frankfurt am Main die Illusion nehmen, die schönen Fachwerkfassaden wären „echt". Wie nicht echt, fragte sie, aber sie stehen doch da. Na ja, sagte ich, erst standen sie da, dann wurden sie im Zweiten Weltkrieg von Bomben zerstört, dann im Duplikat wieder aufgebaut. Hm, dann sind sie aber auch schon wieder sehr alt, meinte sie nicht ganz unzutreffenderweise.)

Aber zurück nach London. Das Publikum ist erschüttert und kann es nicht fassen, was sich im Disney-World-Österreich belvederebalkon- und bombennachtmäßig so abspielt. Die Briten im Publikum sind offenbar von einer angenehmen Amnesie bezüglich der Tatsache erfasst, dass sie selbst in einem staatlichen Museum „The Blitz Experience" und „The Trench Experience" genießen können. Noch angenehmer ist es zu vergessen, dass die eigene Royal Air Force noch bis vor Kurzem im Irak Streu- und Phosphorbomben abwarf. Echte, wohlgemerkt. Die Deutschen und Schweizer im Publikum sind entzückt, dass die Österreicher wieder einmal die dämlichste Obrigkeit haben. Die Österreicher sind ebenfalls entzückt, dass sie wieder einmal die dämlichste Obrigkeit haben, denn das ist ja immerhin ein Superlativ. Hinter mir sagt jemand: „Cela serait inimaginable en Allemagne."

Ich entwickle eine neue Theorie: Wahrscheinlich war irgendein österreichischer Eventmanager im Imperial War Museum in London, sah „The Blitz Experience" und „The Trench Experience", wurde von der Eventmanager-Muse geküsst und beschloss flugs, diese geniale Idee nach Österreich zu importieren. In der irrigen Annahme, dass, nur weil in Großbritannien sich niemand über eine Bombennachtssimulation aufregt, sich auch in Österreich niemand aufregen würde.

Dinner. Mein britischer Tischnachbar erklärt, es gebe nun mal keine österreichische nationale Identität. Ich protestiere, erstens grundsätzlich, weil er mich als Österreicherin in dieser Frage doch zumindest konsultieren hätte können, zweitens, weil ich nicht zustimme. Es gebe sehr wohl eine österreichische nationale Identität, sage ich. Mein Tischnachbar, der mich nicht kennt, blickt mich erschrocken an, stellt vorsichtige Fragen. Nach und nach dämmert es mir, was er befürchtet. Er befürchtet, ich werde jetzt gleich etwas Nazihaftes, Deutschnationales sagen und er müsse seinen irischen Lachs in Gesellschaft einer österreichischen Nazisse verzehren.

Welchem Missverständnis sitzt er auf? Wenn ich von einer österreichischen nationalen Identität spreche, muss es gleich eine deutschnationale sein? Führte nicht, ganz im Gegenteil, erst das Gefühl des Mangels an einer österreichischen nationalen Identität zum Anschlussgedanken, 1918 zum ersten Mal?

Ich erkläre, dass ich die österreichische Identität als eine europäische, kosmopolitische verstehe, die sich auf die Tradition der Monarchie bezieht, in der viele der Nationen, die sich jetzt in der EU wieder zusammenschließen, bereits zusammengelebt haben. Auch wenn es nicht zu leugnen ist, sage ich, dass beide Weltkriege ausgerechnet von zwei Österreichern angezettelt wurden, nämlich Kaiser Franz Joseph I. und Adolf Hitler, nein, gerade deshalb, korrigiere ich mich, gibt es heute wieder diese österreichische nationale Identität, die dem friedlichen Zusammenleben aller Nationen verpflichtet ist, eine anti-nationale nationale Identität sozusagen. Ich persönlich zumindest, sage ich, und auch, wenn das beileibe nicht alle Österreicher unterschreiben würden, ich persönlich sehe es als eine vielschichtige, spezifisch österreichische, kosmopolitische Identität. Da das Wort „cosmopolitical" nicht die gewünschte entspannende Wirkung erzielt, verwende ich mehrfach das Wort „multi-ethnic" und führe als Beweis die Tatsache an, dass viele Österreicher tschechische, slowenische, italienische et cetera Nachnamen haben. Mein britischer Tischnachbar atmet erleichtert auf und wendet sich seinem irischen Lachs und den spanischen Brokkoli zu.

17. März 2005, Lancaster

Dinner. Meine Gastgeberin Allyson Fiddler, die führende britische Jelinek-Expertin, sagt, dass bei aller Kritik an Österreich, nicht zuletzt durch die österreichischen Schriftsteller, es doch beachtlich und beneidenswert sei, wie viel die Meinung der Schriftsteller in Österreich gelte.

Ich wende ein, dass ein Großteil der österreichischen Wähler von der Kritik und Meinung der österreichischen Schriftsteller völlig unbeeindruckt ist, wie man an den Wahlergebnissen sieht.

Aber dennoch, sagt sie, allein dass die Kritik und Meinung der Schriftsteller in den österreichischen Medien überhaupt aufscheint und diskutiert wird, breit diskutiert wird mitunter, halte sie doch für beneidenswert. Niemand würde sich in Großbritannien auch nur im Geringsten für die politische Meinung eines Schriftstellers interessieren.

Tatsächlich bin ich guten Mutes, dass sich während meiner Abwesenheit von Österreich nicht nur Robert Menasse, sondern auch etliche andere österreichische Schriftsteller über den Bombennachtssimulationswahnsinn aufgeregt haben und dass die Sache entweder breit diskutiert oder unauffällig fallen gelassen worden ist.

Nachts im Hotelzimmer lese ich eine Erzählung von Joseph Roth in englischer Übersetzung. Sie heißt: „The Bust of the Emperor" und handelt von einem österreichischen Grafen, der italienischer Abstammung ist und in Polen lebt. Verwandte und Freunde leben in ganz Europa verteilt, wenn ihn jemand nach seiner „Nation" fragt, versteht er die Frage nicht, er ist Österreicher und das heißt: überall zu Hause, von überall her. Als er nach dem Zusammenbruch der Monarchie plötzlich einen Pass und Visa braucht, um all die Orte zu besuchen, die er vorher passlos und visalos besucht hat, versteht er auch das nicht. Eine Umwertung hat stattgefunden: Ihn, den Kosmopoliten, nennt man nun „vaterlandslos".

Seltsamerweise, obwohl ich achtundvierzig Jahre nach dem Zusammenbruch der Monarchie geboren bin, habe ich mich von Kindesbeinen an immer als Österreicherin in diesem Roth'schen Sinne gefühlt. Obwohl ich in Salzburg geboren bin, an dessen Stadtgrenze sich auch schon die Staatsgrenze schmiegt, und von wo aus man auch in südlicher Richtung nicht allzu lange fahren kann, ohne im „Ausland" zu sein, hatte ich von Kindesbeinen an dieses kosmopolitische, anti-nationale österreichische Nationalgefühl, vielleicht aber auch deshalb. Zweifelsohne würden viele, um nicht zu sagen die meisten Österreicher ihre nationale Identität völlig anders definieren, manche in Abgrenzung zu Deutschland (wir haben die sympathischere Aussprache, herzigere Diminutive und generell mehr Charme), manche in Anlehnung an Deutschland (ich erinnere mich an die erstaunliche Aussage eines Kärntner Politikers bei einem Schriftstellerempfang, dass Kärnten ein „deutsches" Land sei), manche in

Bezug auf identitätsstiftende Partikel: Alpen, Trachten, Heurige, Schwarzbrot, Marillen, Melange, Insel der Seligen und Heimatland.

Plötzlich, spät nachts in Lancaster, frage ich mich, ob es möglicherweise die Lektüre von Joseph Roth in zartestem Alter war, die mich in meiner – zugleich utopischen und nostalgischen – Vorstellung von einer staatsgrenzenlosen Welt, der Welt als Heimat, geprägt hat.

The Blitz Experience

Noch später nachts im Hotelzimmer beschließe ich, zur Feier des Tages (Lesung gut gegangen et cetera), das Rauchverbot zu ignorieren und eine Zigarette zu rauchen. Plötzlich höllischer Lärm, Sirenengeheul, der Feueralarm ist losgegangen, das jaulende Kästchen an meiner Zimmerdecke blinkt rot. Good Lord, denke ich, Jössas na. Schnell das Corpus Delicti im Klo hinuntergespült, es ist zwei Uhr früh, peinliche Sache das, ich reiße das Fenster auf und wachle mit dem Handtuch den Rauch hinaus, die Sirene beruhigt sich nicht, Abschaltknopf scheint es auch keinen zu geben.

Ich prüfe den Sitz meines Pyjamas im Spiegel und beschließe, auf den Gang hinauszugehen, um mich bei allen aus dem Schlaf gerissenen Gästen beziehungsweise jemandem vom Hotelpersonal demütigst zu entschuldigen. Draußen am Gang wird mir klar, dass die Sirene nicht nur in meinem Zimmer schrillt, sondern in allen Zimmern und Gängen des Hotels, aufgeregte Menschen hasten an mir vorüber, Geldbörseln an die Brust gepresst, schlaftrunkene Kinder über der Schulter, alle im Pyjama, manche haben sich nicht einmal Schuhe angezogen, bevor sie zu den Notausgängen flohen.

Massenevakuierung wegen einer Zigarette? Unmöglich, denke ich, wahrscheinlich ist irgendwo ein wirkliches Feuer ausgebrochen, also schnell, Stiefel an, Jacke, Geldbörsel und Pass. Dazu den Memorystick, auf dem alles, was ich je geschrieben habe, in handlichen sieben Zentimetern Plastik und Metall oder zweihundertsechsundfünfzig Megabytes abgespeichert ist. Während ich auf den nächsten Notausgang zusteuere, frage ich mich, ob es wohl so war bei einem Luftangriff: die Sirene, das hastige Zusammenraffen der wichtigsten Habseligkeiten, das Hinausstürzen, nur mit dem Nötigsten bekleidet, aus dem Schlafzimmer, hinunter in den Luftschutzkeller, so schnell wie möglich, Lebensgefahr, zusammen mit anderen, ebenso Herausgerissenen, Angst. Angst? Meine Vorstellungskraft versagt schon wieder. Ich kann mich nicht fühlen, wie jemand sich damals gefühlt hat, ich habe keine Angst. So sehr ich versuche, mich nun, da tatsächlich die Sirenen heulen und die Menschen flüchten, in die Realität eines Bombenangriffs hineinzuversetzen, es gelingt mir nicht.

Ich vergegenwärtige mir eine fiktive Österreicherin, die trotz erbitterter Nazi-Gegnerschaft zum Zeitpunkt der Bombardierungen noch am Leben ist. Ich kann mir die Nazi-Gegnerschaft nicht nur verstandesmäßig, sondern auch emotional vorstellen, ich kann eine fürchterliche Wut und Empörung verspüren, die Todesangst jedoch nicht. Ich habe nicht Jahre des Krieges hinter mir, ich habe nicht Bruder, Vater, Ehemann in diesem, von mir als verabscheuungswürdig und verbrecherisch betrachteten Krieg verloren. Ich habe nicht Jahre in einem Gewaltregime hinter mir, das den Kampf bis zum letzten Blutstropfen ausgerufen hat, ich muss nicht befürchten, dass man auch meinen letzten Blutstropfen verlangt. Ich habe, kurz gesagt, Vertrauen. Vertrauen, dass selbst, wenn tatsächlich ein Feuer ausgebrochen ist, für alles gesorgt ist, Notausgänge, vom Hotelpersonal hinreichend geübte Vorgangsweisen, Feuerwehr, Rettung. Ich kann von einem grundsätzlichen Wohlwollen der Obrigkeit ausgehen, von der Annahme, dass man darauf bedacht ist, mich und die anderen zu beschützen und nicht zu beschädigen. Selbst, wenn sich meine Zigarette als Verursacherin des Alarms herausstellen sollte, wird man mich nicht ins Gefängnis werfen. Ich hätte keine Angst, auch in diesem Falle der Obrigkeit meine Meinung zu sagen, nämlich dass ich bei allem Verständnis für Anti-Raucher-Maßnahmen das Auslösen eines Großalarms samt Massenevakuation für mehr als unangemessen halte. Ich hätte nicht die geringsten Hemmungen, die Obrigkeit nötigenfalls mit Wörtern wie „crazy", „stupid" und „ridiculous" zu bewerfen. All das trennt mich von einer Zeit, in der ich, im Luftschutzkeller sitzend, Angst haben hätte müssen, ein Mitglied der Obrigkeit oder die Obrigkeit als solche in Zweifel zu ziehen, da ich das Risiko eingegangen wäre, am nächsten Tag von meinem Nebenmann angezeigt zu werden mit allen Folgen. Angst vor den Bomben, Angst vor der eigenen Obrigkeit, Angst vor dem, der neben mir sitzt. Todesangst.

Man geleitet uns sicher ins Freie und zum „Fire Point", dem Sammelplatz auf dem Parkplatz. Ein Hotelangestellter überprüft anhand einer Zimmer- und Namensliste, ob alle anwesend sind. Ich habe vor, ihm die Sache mit der Zigarette unauffällig zu gestehen, sobald meine Zimmernummer aufgerufen wird, dann können sich alle beruhigen und in ihre Betten zurückkehren. In diesem Moment biegt in rasender Fahrt die Feuerwehr in die Auffahrt ein. Etliche Feuerwehrmänner in voller Montur springen heraus und stürzen ins Haus. All das wegen einer Zigarette? Muss ich das etwa bezahlen? Ich halte lieber meinen Mund. Nach zehn Minuten Entwarnung, ich werde nicht zur Rede gestellt – entweder die Feuermelder geben das alarmauslösende Zimmer nicht preis oder meine Zigarette hatte mit dem ganzen Spektakel gar nichts zu tun.

Und die Nazis in den Luftschutzkellern? Die Mitläufer? Hatten sie Schuldgefühle? Dachten sie wenigstens: All dieser Wahnsinn, der hier entfesselt ist, sollte ich daran etwa mit schuld sein? Nur weil ich „Heil Hitler!" gerufen habe, nur weil ich tüchtig und fleißig bei einer Partei mitgearbeitet habe, nur weil ich an hehre Ideale geglaubt habe, nur weil ich einen Stein gegen ein jüdisches Schaufenster warf?

Denn das wäre ja zumindest ein kleines, wenn auch groteskes, infantil-verdrehtes, ent-schuldigendes Schuldgefühl gewesen.

Warum eigentlich empfinden wir das Nachstellen historischer Kriegssituationen als pietätlos, pervers? Im Falle der „Wiener Bombennacht" gab Robert Menasse als Begründung an, man reproduziere damit genau jenes Gefühl, das damals so viele hatten: dass die Befreiung vom Nationalsozialismus Terror, Horror war. Tatsächlich ist dieser Effekt so kalkulierbar, dass er wohl zumindest als in Kauf genommen betrachtet werden muss: Viktimisierung, Täterverschleierung, Perpetuierung der Opfermythen. Österreich als unschuldiges Opfer des Nationalsozialismus, der Luftangriffe der Alliierten. Sind wir hier etwa auch schon an dem Punkt, weshalb „The Blitz Experience" offenbar akzeptabler erscheint als eine „Wiener Bombennacht"? Ist es weniger geschmacklos, eine „ungerechtfertigte" Bombardierung nachzustellen als eine „gerechtfertigte"?

England war eindeutig Opfer des deutschen Blitzkrieges. Vielleicht funktioniert ja das Nachstellen in diesem Fall sogar als Bewältigungsstrategie. Das Leiden derer, die die Bombardierungen miterlebt haben, wird nicht vergessen, es wird zu Mitgefühl und Nachempfinden eingeladen, zur Teilnahme an einem historisch bedeutsamen Moment, es wird daran erinnert, jede Viertelstunde, täglich von zehn bis achtzehn Uhr. Sinnvolle Bewältigungsstrategie also oder institutionalisierter Wiederholungszwang? Verdeutlichung oder Verharmlosung?

Das Problem dabei ist das unwillkürliche Eintreten eines entsetzlichen Mechanismus: dass es Spaß zu machen beginnt. Man kann es den Kindern nicht verübeln, dass sie jauchzend durch die Abenteuer-Schützengräben laufen und von wohligen Schauern durchrieselt im märchenhaften Bombenkeller sitzen. Die Ähnlichkeit mit Themen- und Vergnügungsparks, mit „Madame Tussauds" oder auch seriöseren musealen Zeitreisekonzepten, die Vergnügen bereiten sollen („Backe dein eigenes Brot in einem echten Steinzeitdorf!"), ist einfach zu groß. Ich denke auch, dass die Schuldfrage hinsichtlich der Geschmacklosigkeit der Nachstellung von grauenvollen Ereignissen vollkommen irrelevant ist. Es ist um nichts vertretbarer, das Leiden von Unschuldigen als Abenteuer zu reinszenieren – denn dann müssten wir uns ja bald auch auf „The Gas Chamber Experience" in ehemaligen Konzentrationslagern gefasst machen.

Und was Österreich betrifft: Selbstverständlich verbietet es sich, österreichische Nazis nachträglich zu heroisieren, indem man durch das Nachstellen einer Bombennacht ausgerechnet Mitgefühl für sie erzeugt. Die Bombennacht verbietet sich aber auch aus Rücksicht gegen tatsächliche Opfer. Die Bombe macht keinen Unterschied, nicht alle in den Luftschutzkellern waren Täter. In meiner Bekanntschaft gibt es einen Mann, der als dreijähriges Kind die Bombardierungen erlebte und bis zum heutigen Tag an zahlreichen Phobien leidet, unter anderem an der schwer lebensbehindernden Angst, jemals länger als nur ein paar Minuten alleine zu sein. Bis zum heutigen Tag bricht ihm der kalte Schweiß aus, wenn in seinem Dorf am Samstag um zwölf Uhr mittags der Probealarm der Feuerwehr erschallt. Die Event-Bombennacht mit Son et lumière – was für eine Verhöhnung, was für eine Retraumatisierung für Menschen wie ihn. Selbst mir, der kriegsfrei Geborenen und Aufgewachsenen, zieht sich der Magen zusammen, wenn ich am Wiener Heldenplatz plötzlich einen Panzer stehen sehe – bis mir einfällt, dass es der Vorabend zum Nationalfeiertag ist. Warum um alles in der Welt können wir die Freiheit nicht feiern, ohne dabei martialisch zu werden?

Das Missverständnis, dass der Krieg ein „Erlebnis" sei, war genau jenes, das zu Jubel und Begeisterung bei Ausbruch des Ersten Weltkriegs führte. Man hielt den Krieg für den frischen Wind, der eine bürgerlich saturierte Gesellschaft aufwirbeln würde, für eine Katharsis, aus der jeder Krieger gereift und geläutert, um echte Abenteuer bereichert, hervorgehen würde. Auch Künstler irrten sich. Oskar Kokoschka kaufte sich eigens ein Ross, um darauf in die Schlacht zu ziehen, Thomas Mann schrieb ein aberwitziges Gotteslob für den Zusammenbruch einer Friedenswelt, die angeblich „von den Ungeziefern des Geistes" wimmelte „wie von Maden". Handeln statt denken, war die Devise, die blanke, unbedachte Tat sollte zu Dynamik und Neuerung führen. Aber der Krieg war kein „Erlebnis". Anstatt neue Erkenntnisse oder einen Zuwachs an Mannbarkeit zu gewinnen, verlor man seinen besten Freund, den Glauben an die Menschheit, diverse Gliedmaßen oder alles zusammen. Der Krieg ist kein „Erlebnis". Er kann kein „Event" sein.

Aber wo fängt es an? Wie weit zurück in der Vergangenheit muss Blutvergießen liegen, bevor es zum Sonntagsvergnügen nachgespielt werden darf? Ich erinnere mich an ein „Ritterburgfest", auf dem den Kindern plötzlich Holzschwerter in die Hand gedrückt wurden. Sie waren als Ritter und Burgfräulein verkleidet, sie sollten das Leben im Mittelalter hautnah nachvollziehen können. Paarweise also traten die Kinder zum original mittelalterlichen Schwertkampf an. Ein Vater feuerte seinen kleinen Sohn an: „Zeig ihm, wer der Herr ist!" „Gib ihm keine Chance!" Ich erinnere mich daran, wie ich erst glücklich war über die goldenen Zeiten der Gleichberechtigung, in denen mein mit Burgfräuleinschleiern behangenes Töchterchen ebenso ein Schwert schwingen durfte wie die Buben, und wie mir nach und nach immer mulmiger wurde. Auch ein Schwert ist eine Waffe. Auch ein Schwert wurde zum Zweck des Tötens erfunden. Streng genommen also, wenn wir unsere Kinder als Piraten, Cowboys, Ritter verkleiden – warum nicht auch „The Trench Experience", „The Blitz Experience"? Und ist es nicht ohnehin eine symbolische Ebene, auf der Kinder kämpfen, den Kampf spielen? Bewegen wir uns nicht selbst ganz alltäglich auf einer solchen symbolischen, atavistischen, blutigen Ebene?
Die wenigsten von uns, die sich einen Krimi ansehen, werden deshalb zum Mörder oder befürwor-

ten Mord. Manchmal tun mir die kleinen Buben leid: Die ganze Welt des Glitzerschmuckes, der Schminkköfferchen, Federboas, Frisuren, der rosa wallenden Prinzessinnenoutfits, der Elfenflügel und Feenzauberstäbe ist ihnen verwehrt. In der Not ihrer politisch korrekten Eltern werden sie im Fasching als Wassertropfen oder Frösche verkleidet. Ist es ein Wunder, dass sie auch mal spektakulär sein wollen, und sei es mit einer Cowboyknarre in der Hand? Und ist das Cowboyspielen nicht doch auch eine absurde, geschmacklose Persiflage auf den Genozid an den amerikanischen Ureinwohnern? Aber was tun? Ich kenne aufrichtig pazifistische Eltern, die sich mit ihrem Sohn zu guter Letzt auf den „Hieb- und Stichwaffen, aber keine Schusswaffen"-Kompromiss geeinigt haben, sprich sie kaufen ihm hölzerne Schwerter, Degen und dergleichen, wenn er dafür davon absieht, mit Bananen und dergleichen auf seine Mitmenschen zu „schießen". Ist das inkonsequent? Dürfen wir dann noch in ein Opernhaus gehen, in dem Sparafucile Gilda ersticht?

Wo genau die Grenze zu ziehen ist, ist also schwer zu sagen. Aber irgendwo gibt es dann doch eine Grenze.

20. März 2005, Wien

Die „Wiener Bombennacht" ist abgesagt. Irgendwo gibt es dann doch eine Grenze.

Von Keuschlern und Kaisern

Ihre Kaiserliche Hoheit trat im Jahr 1982 in mein Leben. Eine große mediale Aufregung fegte durch das Land, gebannt saßen die Familien vor Radios, Fernsehern und Zeitungen: Die letzte österreichische Kaiserin durfte endlich wieder in Österreich einreisen! Vorbei an salutierenden Zöllnern hatte sie die österreichische Grenze bei Feldkirch überschritten. Ich, sechzehnjährig, war völlig parbleu. Zunächst einmal war ich nach meinem damaligen Bildungsstand (der nicht unbedingt meiner Geschichtslehrerin, sondern möglicherweise geistiger Abwesenheit meinerseits anzulasten war) der Auffassung gewesen, bei der letzten österreichischen Kaiserin hätte es sich um Sisi gehandelt, welche zweifelsfrei am Genfer See mithilfe einer Feile ermordet worden war. Unter Akzeptanz des Umstandes, dass es noch eine weitere, allerletzte und überdies noch lebende Kaiserin gab, stellte sich mir die Frage, weshalb um Himmels willen eine Österreicherin in Österreich nicht einreisen hatte dürfen.

Eine Schulkollegin, die in streng katholischen Zirkeln verkehrte, klärte mich über die dort vertretenen Ansichten auf: Zita, die Gattin des letzten Kaisers Karl I., habe nicht einreisen dürfen, da sie sich geweigert habe, auf ihre Thronfolgerechte zu verzichten. Nach dem Prinzip des „Gottesgnadentums" jedoch werde die Thronfolge von Gott selbst bestimmt, und demnach habe Zita gar nicht verzichten können. Die Kaiserin war also legitimationstechnisch eine Art Papst.

Nach über sechzigjährigem Beharren auf der Verzichtserklärung hatte schließlich der sozialistische Bundeskanzler Kreisky pragmatisch gemeint, die alte Dame werde ja nun wohl keinen Staatsstreich mehr anzetteln, und plötzlich fanden gefinkelte Juristen heraus, dass Zita auf Thronfolgerechte gar nicht verzichten musste, da diese ohnehin nie bestanden hätten. Und so durfte die Neunzigjährige in die Republik Österreich einreisen. Anhand dieser Person, deren Lebensspanne von der Monarchie bis in die Zweite Republik reichte, wurde mir schlagartig klar, dass Vergangenheit und Gegenwart keineswegs so unendlich weit auseinanderlagen, wie ich bis dahin gedacht hatte.

Es gibt ein Foto meines Urgroßvaters väterlicherseits, das ihn in Uniform zur Zeit des Ersten Weltkriegs zeigt. Er war ein einfacher Soldat des Kaisers, ein Lungauer „Keuschler", also der Besitzer einer Keusche, eines bescheidenen, einstöckigen kleinen Hauses. Er überlebte den Krieg, um dreizehn Jahre später infolge eines akuten Magendurchbruchs vom Fahrrad zu stürzen und eingeklemmt zwischen zwei Zaunlatten innerlich zu verbluten. Zu diesem Zeitpunkt war sein Sohn, mein Großvater, bereits in den nächsten Weltkrieg eingerückt. Auch von ihm gibt es Fotos in Uniform, diesmal jene der deutschen Wehrmacht.

Von den Frauen der Familie weiß man, dass sie in der ersten Hälfte des zwanzigsten Jahrhunderts mit schwerer körperlicher Arbeit (so gibt es etwa eindrucksvolle Schilderungen vom mühsamen Auskochen der Wäsche in riesigen Töpfen) und der Bekämpfung des Hungers befasst waren: Wenn es gar nichts anderes mehr zu beißen gab, machten sie sich auf ins Zederhauser Moos, um Frösche zu fangen. Ich habe mich manchmal gefragt, ob und wie sich dieses Jahrhundert der Kriege, der Zwischen- und Nachkriegszeiten auf uns Nachgeborene ausgewirkt hat, und ein offensichtlicher Bereich ist der des Essens. Auch wir in den sechziger Jahren Geborene haben als Kinder noch gelernt: Ja nichts wegwerfen, immer alles aufessen, auch Verbranntes, auch und gerade das Fett am Fleisch, und Verdorbenes konnte man immer noch kaschieren, etwa ranziges Obers in einem Omelett. Als vor einigen Jahren ein zweijähriger Bub am Wiener AKH starb, nachdem seine Großmutter die Schimmeldecke vom Apfelmus einfach abgekratzt und ihn mit dem darunterliegenden Mus gefüttert hatte, dachte ich: Ein spätes Kriegsopfer ist dieses Kind.

Auch das Aufbewahren von Gegenständen ist eine solche tradierte Pflicht und führt zu vollgestopften Wohnungen oder gar dem Messie-Syndrom. Nichts durfte weggeworfen werden, kein altes Paar Schuhe und kein Gummiringerl, man wusste nie, wann man es noch brauchen würde. „Wenn wieder einmal ein Krieg kommt, werden wir froh sein, es zu haben", pflegte meine Großtante zu sagen. Sie besaß eine sorgfältig gehütete Sammlung von Zwirn- und Nähseidenresten, in der auch kürzeste Fadenstücke aufbewahrt wurden.

Meine Eltern sind beide während des Zweiten Weltkriegs geboren. Meine Mutter war fünf Jahre alt, als meine Großmutter sie mit ihren Geschwistern und den nötigsten Habseligkeiten auf ein Leiterwagerl packte, um vor den einmarschierenden Russen zu fliehen. Zeit ihres Lebens konnte meine Mutter keine Reise antreten, ohne in eine Art Panik zu verfallen und uns Kindern dieses Fluchtgefühl weiterzugeben: Werden wir jemals zurückkehren? Werden wir nicht gerade das Entscheidendste, Wichtigste vergessen haben? In welche Ungewissheit stürzen wir?

Im Café Residenz gegenüber dem Eingang zu den Schauräumen im Schloss Schönbrunn. Touristen aus aller Welt laben sich hier an Sachertorte und Kaiserschmarrn, Apfelstrudel und Guglhupf. Die Monarchie hat in diesem Kontext etwas Romantisches und Glamouröses, etwas Kultiviertes und Nostalgisches, vielleicht auch etwas Pickiges an sich. An der Wand hängt ein Bild mit zwei Porträts: Kaiser Franz Joseph und der deutsche Kaiser Wilhelm II. Darunter steht: „In Treue vereint".

Es handelt sich bei dieser Darstellung um ein Mittel der Kriegspropaganda, tausendfach reproduziert und in viele Haushalte verteilt, Kriegsmerchandising sozusagen. Auch in meinem Elternhaus gibt es ein mit demselben Bild verziertes kleines Deko-Kännchen, von dem in meiner Kindheit niemand mehr genau sagen konnte, was es bedeutete oder wie es in die Familie gekommen war. So wie wahrscheinlich kaum einer der Touristen an grauenvolle Kriegshetzerei denkt, wenn er unter den Augen der beiden Kaiser seinen Alt-Wiener Suppentopf löffelt.

Es gibt dennoch etwas, das mir an der k.u.k. Vergangenheit seit jeher gefiel: die Vorstellung, dass wir Österreicher „viele Völker sind". Vielleicht lag es an meiner Geschichtslehrerin (der ich in dieser Stunde zuhörte), die die Monarchie als eine Art Prä-EU deutete und es nur für folgerichtig hielt, dass Otto Habsburg Abgeordneter im Europaparlament war. 1979 initiierte er eine Resolution, die durch einen leeren Stuhl im Europäischen Parlament auf die Völker hinter dem Eisernen Vorhang aufmerksam machte – und nahm dadurch die spätere Osterweiterung vorweg.

Vielleicht aber lag es auch an Otto Friedländers Buch „Letzter Glanz der Märchenstadt – Wien um 1900", das mir das alte Wien als eine Weltstadt beschrieb, in deren Straßen eine bunte Vielfalt an Menschen zu sehen war: türkische Hausierer mit weichen Opanken an den Füßen und dem Fez auf dem Kopf, huzulische Hirten in gesticktem, weißem Pelz, polnische Juden mit langem Bart und in mit Zobel verbrämten Seidenkaftanen, armenische Mechitaristen, hannakische Ammen und ungarische Garden mit Pantherfellen und Reiherfedern. Wie absurd sind doch Ortstafelstürmereien in einem Land, dessen

Monarch einst seine Proklamationen mit „An Meine Getreuen Völker" einleitete und in elf verschiedenen Sprachen veröffentlichen ließ.

In Heimito von Doderers Roman „Grenzwald" wird eine Gruppe von österreichischen Offizieren im Laufe des Ersten Weltkrigs aufgefordert, sich doch einer Nation zuzuordnen. Da sie deutsch, tschechisch und ungarisch sprechen, kommen sie zu dem Schluss, eben einfach „Wiener" zu sein.

Selbstverständlich war die Monarchie ein Herrschaftsgefüge, das seine Ansprüche zur Not auch mit Waffengewalt durchsetzte. Die Loyalität gegenüber dem Kaiser war unterschiedlich verteilt: Bei den galizischen Juden war sie hoch, bei den Tschechen tendierte sie gegen null. Und manchmal erlebt man auch viele Jahrzehnte nach dem Untergang des Habsburgerreiches so seine Überraschungen. 2007 durfte ich mit einer Delegation zum Zwecke des Kulturaustausches nach Sarajevo fahren. Eines Abends kam ich mit einem bosnischen Schriftstellerkollegen ins Gespräch und sagte irgendetwas Negatives über die habsburgische Okkupationspolitik in Bosnien-Herzegowina. Zu meiner Überraschung geriet er völlig in Rage und erklärte mir, ich hätte keine Ahnung von Geschichte: Die Habsburger seien mit Abstand das Beste gewesen, was diesem Land je passiert sei! Sie hätten Schulen, Spitäler, Theater gebaut, ein funktionierendes Eisenbahnnetz installiert und Sarajevo eine Stadtkanalisation geschenkt.

Ich versuchte, etwas einzuwenden, brachte die blutige Niederschlagung der Aufstände nach dem Berliner Kongress vor, der Österreich-Ungarn die Verwaltung der Region übertragen hatte, die Annexionskrise 1908 und nicht zuletzt den Umstand, dass der Erzherzog-Thronfolger Franz Ferdinand wohl nicht wegen extremer Beliebtheit der Habsburger in Sarajevo ermordet worden war – nun, wir hatten wohl beide Recht, so ist das nun mal mit der Geschichte.

Am Vormittag hatten wir jene Stelle nächst des Miljacka-Flusses besichtigt, wo der bosnische Serbe Gavrilo Princip mit seinen Schüssen den Anstoß zum Ersten Weltkrieg gegeben hatte. Unter den Kommunisten hatte er als Held gegolten, seine Fußspuren waren in den Gehsteig eingelassen gewesen, sodass man genau nachvollziehen konnte, wo er gestanden hatte, als er den Thronfolger traf. Nunmehr fanden wir die triumphalen Fußspuren entfernt: Im Bosnienkrieg galt Princip bosnischen Muslimen und Kroaten als serbischer Held, weshalb man ihm keine Bewunderung mehr zollen mochte. 2004 wurde an der Attentatsstelle eine Plakette angebracht, die nur mehr die nüchternen Fakten festhält. Auch die Geschichte hat eine Geschichte.

Wenn Österreicher die Grenze zu einem der ehemaligen Kronländer der Monarchie überqueren, kommt es vor, dass sie mit wehmütig-ironischer Geste sagen: „All das hat einmal zu uns gehört!" In der Europäischen Union können wir wieder zusammengehören, diesmal auf freiwilliger Basis.

Weshalb ich keinen Hofknicks kann

„Ach, ihr Ösis!", sagte der deutsche Freund, „ihr lebt ja immer noch irgendwie in der Monarchie. Kein Mensch in Deutschland würde auf die Idee kommen, ständig mit Kaiser Wilhelm anzufangen!"

Man sollte in diesem Punkt natürlich nicht zwangsläufig von mir auf alle Ösis schließen. Denn einerseits habe ich mich einen ganzen Roman lang mit dem Untergang der Monarchie befasst, was ein spezifisches Interesse voraussetzt, andererseits ging jener Äußerung meines – seit Jahren in Wien lebenden – Freundes Folgendes voran: Wir hatten uns gerade durch eine dichte Menschenmenge in einer Wiener U-Bahn-Station gedrängt und dabei eine Vielfalt an Sprachen gehört: Serbokroatisch, Polnisch, Tschechisch, Ungarisch, Russisch, Italienisch.

„Wien ist ganz schön multikulti geworden", sagte mein Freund, und ich darauf: „Ja! Um 1900 muss es ganz ähnlich gewesen sein!", was seinen eingangs erwähnten Stoßseufzer nach sich zog.

Aber abgesehen davon, dass vermutlich auch Kaiser Franz Joseph nicht in vielen österreichischen Haushalten zum alltäglichen Gesprächsthema gehört – ist da tatsächlich etwas Wahres dran? Rekurrieren wir Österreicher lieber als andere auf vergangene, mehr oder weniger glorreiche Zeiten?

Nun ja. Wer sich gelegentlich unter Amerikaner, Franzosen, Briten oder andere traditionsaffirmie-

rende Nationen mischt, mag dies bezweifeln. Was es
allerdings fraglos gibt, ist jener assoziative Komplex,
der von Claudio Magris so treffend als der „habsburgische Mythos" bezeichnet wurde – und für den
sich wohl keine Entsprechung in einem etwaigen
„hohenzollerischen Mythos" findet. Bereits zu Lebzeiten war Franz Joseph I. ein kanonisiertes Symbol,
während man Wilhelm II. schon auch mal der Geis-
teskrankheit verdächtigte. Multikulti ist Teil jenes
assoziativen Komplexes. Magris identifiziert drei
Elemente, die der Donaumonarchie in der sie my-
thologisierenden Literatur zugeschrieben werden:
Übernationalität, Bürokratie (Ordnung) und sinnli-
che Lebensfreude. Ein maßgeblicher Beförderer des
Mythos, was den völkerverbindenden, kosmopoliti-
schen Teil betrifft, war unwillentlich Adolf Hitler:
Was hätte den alten Vielvölkerstaat sympathischer
machen können als die Tatsache, dass er, der fana-
tische großdeutsche Nationalist, ihn zutiefst verab-
scheute? Und auch wenn von einer Gleichberechtigung aller Völker unter dem Kaiser schwerlich die
Rede sein kann – die Art, wie er seine Proklamationen „An Meine Getreuen Völker" adressierte und
in elf verschiedenen Sprachen veröffentlichen ließ,
war in einer Zeit, in der Kolonialherren mit erober-
ten Nationen wenig zimperlich umzugehen pfleg-
ten, außerordentlich zivilisiert. Und auch wenn die
Habsburgermonarchie kein der EU vergleichbarer
Zusammenschluss souveräner Staaten war, so bildete
sie doch bereits eine „funktionierende Wirtschafts-

und Währungsunion" (Hugo Portisch) in einem ähnlichen geografischen Raum, woraus man lernen kann und woran zu erinnern beim Auftreten von Fremdenangst nicht schadet.

Der Zufall wollte es, dass ich eine knappe Woche später wieder mit demselben deutschen Freund unterwegs war und wir auf der Kärntner Straße einen Landsmann von ihm trafen. Nennen wir ihn „von Birkwitz". Höflich sagte also mein Freund: „Darf ich vorstellen: Georg Friedrich Freiherr von Birkwitz." Er sagte dies durchaus mit einem gewissen Stolz, als würde er mir sein neues Auto oder sein musikalisch hochbegabtes Kind präsentieren. Dies gab mir nun Anlass, ein schallendes „Ha!" auszustoßen. Von wegen, wir Ösis lebten noch in der Monarchie! Immerhin – setzte ich meinem Freund in Gegenwart des leicht bestürzt wirkenden Edelmannes auseinander – immerhin stehe für uns mit absoluter Sicherheit fest, dass die Monarchie vorbei sei! Und das bedeute, dass es auch vorbei sei mit Adelsbezeichnungen, -titeln, -prädikaten und sonstigen feudalistischen Posamenten. In einer Demokratie herrsche nämlich Gleichheit aller Bürger und diese schließe die in Adelsbezeichnungen implizierte Behauptung, von Geburt an höhergestellt zu sein als andere, von vornherein aus.

Während mein Freund vor Scham im Boden versank, erklärte „von Birkwitz", er sei erst seit wenigen Tagen in Wien, aber dies sei schon das dritte Mal, dass ihm so etwas passiere. Was solle er denn machen? Er heiße nun mal so! Sollte er etwa einen falschen Namen angeben?

Ich fühle mich tatsächlich außerstande, einen Namen mit einem „von" davor auszusprechen – es sei denn in einem historischen Zusammenhang, also aus der Zeit vor dem österreichischen Adelsaufhebungsgesetz von 1919. Die Gefahr ist äußerst gering, aber sollte ich jemals der englischen Queen begegnen, wäre ich nicht in der Lage, einen Hofknicks zu vollführen und sie mit „Your Majesty" anzusprechen. Nicht weil ich alten Damen keinen Respekt entgegenbringe. Ich würde ihr denselben Respekt entgegenbringen wie anderen alten Damen auch, ihr die Hand schütteln und sie „Mrs. Windsor" nennen.

Es hat dies mit meiner österreichischen Sozialisierung zu tun. Ich bin so aufgewachsen, man hat es mir so vermittelt: Lehrer, Familie, Peergroup und nicht zuletzt jene Mitglieder der ehemals adeligen Familien, die mir begegneten. Meine Kinderärztin hatte einen klingenden Namen, man traf klingende Namen im Bekanntenkreis (und in einer vorübergehenden katholischen Phase auch im Gebetskreis), selbst ein Mitglied des einstigen Erzhauses ist mir einmal untergekommen. Ich nannte sie Frau Dr. Habsburg-Lothringen. Den Doktortitel hatte sie sich redlich verdient.

Wie viel ist nicht schon gespottet worden über die österreichische Vorliebe für die Nennung akademischer Grade – eine Tradition, die sich zunehmend auf die Wartezimmer von Arztpraxen zu beschränken scheint und mit dem Übergang zu Bachelor und

Master vermutlich aussterben wird. Die darin implizierte Ansicht, dass man sich jedweden Status durch persönliche Anstrengung zu erarbeiten habe, anstatt ihn per Geburtsurkunde vererbt zu bekommen, ist im historischen Kontext betrachtet jedoch so lächerlich nicht.

Das für mich wirklich Bedeutsame und Prägende an der Praxis der Gleichbehandlung klingender und anderer Namen war die Idee, die dahinterstand: Wir sind alle gleich geboren. Und dieses Bewusstsein habe ich den Begründern der Ersten Republik zu verdanken, die dasselbe Bewusstsein bereits zu einem Zeitpunkt hatten, als es noch keineswegs selbstverständlich war.

Was soll's, könnte man nun sagen. Sind Adel und Monarchen in Europa nicht mittlerweile eine reine Marginalie, anachronistische Skurrilität, Folklore für Touristen und Füllstoff für Society-Magazine?

Natürlich mag jedes Volk selbst entscheiden, ob es sich enorme finanzielle Mittel für den Unterhalt von Frauen mit fragwürdigen Hüten und Männern mit ebensolchen Hobbys leisten mag. Auf Partys entgleiste Prinzen, in Liebeswirren verstrickte Prinzessinnen, sexsüchtige Könige und magersüchtige Herzoginnen, vom Adoptionsunwesen ganz zu schweigen – wer nimmt denn das alles noch ernst? Doch nur selten regt sich Kritik wie im Fall des spanischen Königs, der auf kostspielige Großwildjagd ging, während sein von der Wirtschaftskrise gebeuteltes

Volk mit Not und Delogierung zu kämpfen hatte. Im Allgemeinen aber scheint auch im demokratischen Europa des einundzwanzigsten Jahrhunderts niemand die Notwendigkeit der Förderung blaublütiger Existenz als Projektionsfläche für nationale Identität in Frage zu stellen – Geschichte, die von mehr oder minder begabten Mimen lebendig dargestellt wird. Und so belanglos das alles ist, die überholten Vorstellungen von „Geschlecht“, „Blut“ und angeborener Höherstellung werden damit ja doch affirmiert und perpetuiert.

Man gönne uns Österreichern also den habsburgischen Mythos. Er ist erheblich billiger, man weiß, dass man dazu angehalten ist, etwaige Idealisierungstendenzen mit den historischen Fakten abzugleichen, und wir müssen niemanden als „Seine Durchlaucht“, „Ihre Erlaucht“ oder sonstwas anreden (wobei das Bestehen auf solcher Anrede insbesondere bei in den deutschen Adel eingeheirateten Damen bürgerlicher Herkunft aufzutreten scheint). Die klingenden Namen klingen auch ohne Titel weiter – zumindest die besonders klingenden. „Die Starhembergs werden immer die Starhembergs sein“, wird als Kommentar zum Adelsaufhebungsgesetz von einer enttitelten Dame dieses Namens kolportiert.

Bei meiner eigenen Namensänderung holte mich Kakanien gleich doppelt, nämlich innerlich und äußerlich, ein. Als ich Anfang der neunziger Jahre literarisch zu publizieren begann, legte ich mir den – frei erfundenen – Künstlernamen Balàka zu. Es erschien mir sinnvoll, zwecks größerer Memorabilität und eindeutiger Identifizierbarkeit einen Namen zu haben, den sonst keiner hatte. Meinen Geburtsnamen „Wieland" teilte ich aber mit vielen, und auch wenn ich gegen den großen Christoph Martin Wieland nichts einzuwenden hatte, fürchtete ich doch endlose Fragen nach etwaiger Verwandtschaft.

Aber auch österreichische Geschichte hatte ich im Kopf. „Wieland" war germanisch. Wieland der Schmied kam sogar in den germanischen Heldensagen vor. Und alles Germanische hatte für mich als Angehörige der Enkelgeneration des Dritten Reiches einen unangenehmen Beigeschmack (mittlerweile würde man das wohl, wie man so schön sagt, „entspannter" sehen). Wenn ich also meinen Namen ohnehin änderte – folgerte ich in eine Richtung, die der des habsburgischen Mythos nicht unähnlich war, also unter dem Eindruck der Barbarei des Nationalsozialismus zu einem Ideal von Übernationalität und Weltbürgertum zurückkehrend –, dann sollte es ein Name sein, der irgendwie „ausländisch" klang. Am besten: kakanisch. Und so kam es zu „Balàka".

Die unbedingte Richtigkeit meiner Wahl wurde mir von einem Beamten am Wiener Verkehrsamt bestätigt, der mir anlässlich meiner amtlichen Namensänderung den neuen Führerschein mit den kritischen Worten ausstellte: „Da haben Sie so einen schönen deutschen Namen, und dann legen Sie sich so etwas Ausländisches zu."

Die amtliche Annahme des Künstlernamens hatte sich als notwendig erwiesen, da auf Lesereisen die unangenehme Situation entstanden war, dass man sich an den Hotelrezeptionen regelmäßig weigerte, mir den Schlüssel für ein auf den Namen Balàka reserviertes Zimmer auszuhändigen, nachdem ich einen auf den Namen Wieland lautenden Reisepass vorgelegt hatte.

Wie sehr ich mit meiner Kreation tatsächlich ins kakanische Schwarze getroffen hatte, zeigte sich im Laufe des ansonsten unkomplizierten Namensänderungsverfahrens. Ich müsse mich noch ein wenig gedulden, hieß es da eines Tages überraschend – man müsse erst sicherstellen, dass es sich bei der Umbenennung auf Balàka nicht um die „Anmaßung" eines (möglicherweise ungarischen?) Adelsnamens handle. Auch in der Zweiten Republik wird strengstens darauf geachtet, dass sich niemand einfach so Esterházy, Hoyos, Schwarzenberg oder Windisch-Graetz nennt.

Letztlich war es wohl die Sturheit Kaiser Karls, die die österreichischen Adeligen ihre Titel gekostet hat – mehr aber auch nicht, denn abgesehen vom habsburgischen Privatvermögen wurde kein Besitz konfisziert.

Die Ausgangslage in der Umbruchszeit am Ende des Ersten Weltkriegs war in Deutschland und Österreich ähnlich. In beiden Fällen war die Monarchie nach einem als sinnlos empfundenen Krieg, der Millionen von Toten verursacht und größtes Elend über das Hinterland gebracht hatte, unzragbar geworden. Dazu kamen Unruhen, Aufstände, die Gefahr einer Revolution nach russischem Vorbild. Man nötigte die beiden Kaiser auch deshalb zur Abdankung, um zu verhindern, dass ihnen und ihren Familien dasselbe geschah wie der russischen Zarenfamilie, die im Juli 1918 von den Bolschewiki erschossen worden war.

Weder Karl I. noch Wilhelm II. konnte sich zu einem halbwegs würdigen Abgang entschließen, beide sträubten sich hartnäckig, ihren Thron aufzugeben. Während Wilhelm II. aber – wenn auch nicht ganz freiwillig – im November 1918 formell abdankte, musste man sich in Österreich mit einer etwas schwammig formulierten Erklärung Kaiser Karls zufriedengeben, wonach dieser sich (möglicherweise nur vorübergehend) aus den Regierungsgeschäften zurückzog. Ins Exil gingen schließlich beide. Karl allerdings richtete – in einem letzten Aufwallen von Trotz, bevor er am 24. März 1919 die Schweizer Grenze überquerte – der Republik in seinem „Feldkircher Manifest" aus, dass all ihre Beschlüsse seit ihrer Gründung für ihn und sein Haus „null und nichtig" seien. Keine zwei Wochen später folgte die Antwort der verhöhnten Republik: Das „Habsburgergesetz", das unter anderem die formelle Absetzung und Landesverweisung des Kaisers beinhaltete, und das Adelsaufhebungsgesetz wurden am 3. April 1919 verabschiedet. Die Weimarer Republik hingegen war zwar den Kaiser losgeworden, wollte sich aber vom Adel nicht trennen – mit der Anerkennung der Adelsbezeichnungen als Namensbestandteile wurden diese kurioserweise sogar regelrecht zementiert.

Der habsburgische Mythos, wie ihn Claudio Magris 1963 in seinem großartigen Werk „Il mito absburgico nella letteratura austriaca moderna" beschrieb, ist primär eine kollektive Schöpfung verschiedener Schriftsteller. In einzelnen Fällen dürfte aber auch der Film daran gebastelt haben. Und manchmal kommt es vor, dass die Kunst auf die Realität zurückwirkt und ihrerseits Protagonisten der Geschichte zum Weiterbasteln am Mythos inspiriert.

Viel ist gerätselt worden über die berühmte „Anklopfzeremonie" bei der Bestattung Otto Habsburgs im Jahr 2011. Hier die Kurzfassung: Bevor die sterblichen Überreste des Habsburgers in die Kapuzinergruft gebracht werden, klopft ein Zeremonienmeister drei Mal an die Tür. Ein hinter dieser stehender Mönch fragt: „Wer begehrt Einlass?"

Der alte Herrschername des Verstorbenen und die lange Liste seiner ehemaligen Titel werden genannt.

Die Antwort des Mönches: „Wir kennen ihn nicht."

Wieder klopft der Zeremonienmeister, wieder ertönt die Frage: „Wer begehrt Einlass?"

Nun werden die akademischen Titel und Würden Otto Habsburgs genannt. Doch wieder heißt es: „Wir kennen ihn nicht."

Zum dritten Mal klopft der Zeremonienmeister, und zum dritten Mal wird die Frage, wer denn Einlass begehre, gestellt.

Diesmal lautet die Antwort: „Otto – ein sterblicher, sündiger Mensch." Daraufhin wird die Türe geöffnet.

Die Szene ist ein dramaturgisches Meisterwerk. Doch woher stammt sie? Um eine uralte Tradition handelt es sich jedenfalls nicht, denn soweit festgestellt werden konnte, war die 1989 verstorbene Ex-Kaiserin Zita die Erste, die diese Zeremonie für ihre Bestattung in Anspruch nahm. Nun, ich glaube in der Lage zu sein, Hinweise zur Lüftung dieses Geheimnisses geben zu können. Ich kannte die Szene nämlich aus einem Spielfilm: „Kronprinz Rudolfs letzte Liebe" mit Rudolf Prack aus dem Jahr 1956. Wenn es sich dabei um das erste Auftreten der „Anklopfzeremonie" gehandelt haben sollte, dann wäre diese ein Werk der Münchner Drehbuchautorin Erna Fentsch.

Man stelle sich also folgendes Szenario vor: Zita (über deren Standesbewusstsein man sich keinesfalls Illusionen machen sollte), im realen Leben all ihrer Würden beraubt, sieht diesen Film. Die Anklopfzeremonie, in der sich das verstorbene Mitglied des Kaiserhauses im Tod – also im Angesicht Gottes – all seiner Titel begeben muss, um zuletzt als einfacher Mensch Einlass in seine letzte Ruhestätte zu finden, ist zutiefst berührend – in der professionellen Inszenierung des Films noch weit mehr als in der etwas holprig wirkenden, vom Fernsehen übertragenen realen Ausführung von 2011. Mit dieser Sicht der Dinge kann sich die gläubige Katholikin abfinden, vielleicht findet sie sogar Trost darin. Und so hat die politische Idee von der Gleichheit aller Menschen, die der Film über die religiöse Verbrämung in die Vergangenheit projiziert, zu guter Letzt doch noch ihren Weg zu der einstigen Kaiserin gefunden. Sie, die sich ihr Leben lang auf das Gottesgnadentum berief, konnte sich damit versöhnen, im Namen desselben Gottes ein einfacher Mensch zu werden. Ob sie bei der Übernahme der Zeremonie auch an das Image des Hauses Habsburg dachte, sei dahingestellt – im Allgemeinen ließ ihr Geschick in der Öffentlichkeitsarbeit ja eher zu wünschen übrig. Und dennoch hat sie auf diesem Weg dafür gesorgt, dass beim Tod ihres Sohnes Otto, wahrscheinlich zum letzten Mal, der Mythos weitergeschrieben wurde: Die Geschichte vom gütigen Vater-Kaiser, der unendlich groß ist und gleichzeitig ein einfacher Mensch, eins mit dem Volk, zu dem viele Völker gehören.

Spione in der Steiermark

Der Zug

Momentaufnahmen: Ein Bahnhof Aus einer stehenden Lokomotive schießt Wasserdampf, fast meint man es zischen zu hören. Einige Männer springen den weißen – und zweifelsohne heißen – Dämpfen aus dem Weg.

Ein Zwischentitel erscheint: „In Graz, dem Geburtsort des Erzherzogs".

Blick auf den Bahnsteig. Er ist voller Soldaten, die ein dichtes Spalier bilden. Unterschiedlichste Paradeuniformen sind zu sehen, offenbar sind mehrere Einheiten anwesend. Vor ihnen eilen hochrangige Offiziere hin und her, kenntlich an ihren prächtigen Säbeln und den steilen Federbuschen auf ihren Stulphüten. Der Film ist schwarzweiß. In Farbe wären die Buschen aus Geierfedern grün. Ob hinter den Soldaten auch Zivilisten stehen, ist nicht auszumachen.

Ein Zug fährt ein. Man sieht ihn von der dem Bahnsteig abgewandten Seite. Hier stehen nur zwei Zivilisten auf den Gleisen.

Wieder am Bahnsteig. Diesmal ist die Perspektive leicht erhöht, man sieht die Menschenmasse von hinten. Es sind tatsächlich Zivilisten darunter, auch einige vornehm gekleidete Damen in Schwarz. Direkt vor dem Zug, die Gesichter nahe an seiner eisernen Wand, steht die Garde Spalier. Wieder sind es einige höhere Offiziere, die aufgeschreckt herumlaufen. Alle anderen wirken wie gelähmt. Die Soldaten auf Befehl, die Zivilisten aus einer Art Schockstarre heraus.

Niemand steigt aus dem Zug. Seine Türen bleiben geschlossen. In ihm befinden sich die Leichname des ermordeten Erzherzog-Thronfolgers Franz Ferdinand von Österreich-Este und seiner Gattin Sophie, Herzogin von Hohenberg, auf ihrem Weg von Sarajevo nach Wien.

Das nur sechsunddreißig Sekunden lange Filmfragment dokumentiert einen weltgeschichtlichen Wendepunkt, und ist gleichzeitig die früheste erhaltene Filmaufnahme aus der Stadt Graz.

Der Erzherzog-Thronfolger sollte, da seine Gattin als nicht standesgemäß angesehen wurde, ebenso wie sie nur ein sehr bescheidenes Begräbnis bekommen. Er, der hier auf der Durchreise ist, um in der Wiener Hofburgkapelle nur für wenige Stunden aufgebahrt und dann auf Schloss Artstetten bestattet zu werden, wurde im Grazer Palais Khuenburg geboren. Heute beherbergt es das GrazMuseum.

Die Habsburger waren natürlich weder Grazer noch Wiener noch sonst einem Ort zuzuordnen, sondern nomadisierende Kosmopoliten, die Schlösser, Palais und Villen inner- und außerhalb Österreich-Ungarns periodisch bewohnten. Das Palais Khuenburg war von den Eltern Franz Ferdinands von 1863, seinem Geburtsjahr an nur für knappe drei Jahre angemietet. Das Filmdokument aus dem Sommer 1914 zeigt jedoch: Dass Graz die Geburtsstadt des Thronfolgers war, war für die Menschen jener Zeit durchaus von Bedeutung.

Die Leichname der am 28. Juni Ermordeten waren von Sarajevo an die kroatische Küste überführt und von dort mit dem Flottenflaggenschiff „Viribus Unitis" nach Triest gebracht worden. Es sollte die 1857 eröffnete Südbahnstrecke Wien–Triest sein, die Wirtschaft und Gesellschaft der Steiermark im vorangegangenen halben Jahrhundert aus der ländlichen Abgeschiedenheit geholt hatte, auf der die Särge nun ihre Heimreise antraten. Am 2. Juli 1914 um zehn Uhr abends trafen sie am Wiener Südbahnhof ein, sodass die nicht datierten Aufnahmen aus Graz wohl ebenfalls vom 2. Juli stammen. Während es in Triest am 1. Juli einen pompösen Trauerkondukt gegeben hatte, mit dem die Särge vom Hafen zum Bahnhof geleitet worden waren, fuhren sie in Graz nur durch. Der Verlauf von der wohlgeordneten militärisch-klerikalen Prachtentfaltung in Triest hin zu der Gemengelage aus Bestürzung und Überstürztheit, die nur einen Tag später am Grazer Bahnhof zu sehen ist, scheint auf das Kommende hinzuweisen: Österreich-Ungarn, dessen „Welt von Gestern" noch solchen Glanz aufzubringen vermag, strauchelt. Und im Versuch, den Sturz abzufangen, wird es in den folgenden vier Wochen in den Weltkrieg taumeln.

Denn eines stand auf jeden Fall fest: Mit Franz Ferdinand war das größte Kriegshindernis beseitigt worden. Was auch ein maßgeblicher Grund für seine Ermordung gewesen war. Denn hätte Franz Ferdinand als Kaiser die berechtigten Ansprüche der österreichischen Südslawen im Rahmen eines Trialismus befriedigen können, wären die Serben mit ihren Plänen eines gemeinsamen Staates aller Südslawen womöglich gescheitert. Die Verhältnisse in der Donaumonarchie waren kompliziert.

Der unterschätzte Erzherzog, der auch den Titel „Generalinspektor der gesamten bewaffneten Macht" trug, war der entschiedenste Gegner eines Krieges gegen Serbien gewesen. Er hatte sich keine Illusionen darüber gemacht, dass Russland Serbien vielleicht doch nicht zu Hilfe eilen würde, oder dass ein Krieg gegen Russland zu gewinnen wäre.

Knappe vier Wochen nach dem Eintreffen der Leichname des Thronfolgers und seiner Gattin in Graz, am 28. Juli 1914, wird über der steirischen Landeshauptstadt, wie auch im Rest der Monarchie, der Ausnahmezustand verhängt.

Der Gesang

Graz im Juli 2013. Die Stadt steht im Zeichen der „European Choir Games". Überall sieht man Gruppen von jungen Menschen in ihren bunten Chor-Kostümen (denn so ein Chor muss einheitlich aussehen) bei bester Laune durch die Stadt streifen und angelegentlich ein Liedchen anstimmen. Obwohl das Wort „Europa" im Titel des Wettbewerbs steckt, kommen die Teilnehmer auch von anderen Kontinenten – Afrika,

Asien, selbst Australien ist dabei. Insgesamt fünfunddreißig Nationen sind es, die zweitausendfünfhundert
Teilnehmer nach Graz schicken, um zu singen. Am
letzten Tag ziehen die Sänger durch die Herrengas-
se zum Hauptplatz, wo sie von einem hörbar stolzen
Bürgermeister bedankt werden.

Das Singen im Jahr 2013 hat etwas Völkerverbin-
dendes. Die Sprache der Musik ist eine, die jeder unabhängig von seiner Muttersprache versteht, die zu
berühren vermag, auch wenn man die Worte selbst
nicht kennt. Und Graz, dessen historisches Zentrum
heute zum UNESCO-Welterbe gehört, präsentiert
sich als weltoffene europäische Stadt.

Auch im Juli 1902 wurde in Graz gesungen. Der
Deutsche Sängerbund hielt sein sechstes Sängerbundfest in der am äußersten Rand des deutschen
Sprachraums liegenden Stadt ab und schloss sie
damit in das große Deutschsein mit ein. Eine rie-
sige temporäre Festhalle aus Holz wurde errichtet
und mit Gemälden, die das deutsche Lied feierten,
geschmückt. Der hundert Meter lange Bau, der mit
seiner Kuppel und den Doppeltürmen Ähnlichkeit
mit einer Kathedrale aufwies, konnte sechstausend-
fünfhundert Sänger und siebentausendfünfhundert
Zuseher fassen. Der Gesang war mit dezidiert po-
litischer Bedeutung aufgeladen. Wichtig waren die
Sprache, in der die Liedtexte gesungen wurden, und
ihre Herkunft aus einer streng abgegrenzten Nation.
Gesungen wurde nicht, um Völker zu verbinden, sondern um sie zu trennen.

Per se war so ein Sängerbundfest noch nichts allzu Bemerkenswertes – auch in Dresden, Wien oder Breslau wurden diese Feste abgehalten. Für Graz aber war die Bedeutung enorm, sah sich die Stadt doch, nach einer bereits 1886 getroffenen Formulierung des Gemeinderates, als äußerstes Vorwerk „deutscher Gesittung und deutschen Strebens im Südosten des Reiches". Und woran lag es, dass es so unglaublich wichtig war, deutsch zu sein? An den Slowenen.

Für das Verständnis der Situation im Sommer 1914 ist das Herzogtum Steiermark nachgerade exemplarisch. Das Kronland, das bis weit ins heutige Slowenien hineinreichte, befand sich nicht nur am Rande des Pulverfasses Balkan, sondern umfasste einen Teil desselben. Aufgrund dieser geopolitischen Lage werden hier die enormen Spannungen jener Region, die in einer zeitgenössischen Karikatur als brodelnder Kessel dargestellt wurde, besonders deutlich.

Das Herzogtum Steiermark war etwa um ein Drittel größer als das heutige Bundesland, die wichtigsten Städte nach Graz waren Marburg/Maribor, Cilli/Celje und Pettau/Ptuj, die heute allesamt in Slowenien liegen. Der slowenische Bevölkerungsanteil war beträchtlich: Im Zensus vor 1910 gaben 983.200 Personen ihre Umgangssprache als Deutsch an, während sich 409.200 Personen als slowenischsprachig definierten.

Die demografische Verteilung war allerdings in fataler Weise ungleichmäßig. Das Gros der Slowenen konzentrierte sich auf die Untersteiermark, also jenen Bereich, der im Vertrag von Saint-Germain 1919 dem neu gegründeten Staat der Slowenen, Kroaten und Serben (SHS-Staat) zugeschlagen wurde. In den nördlichen Bezirken der Steiermark dagegen betrug der Anteil der slowenischen Bevölkerung nicht viel mehr als ein Prozent. In der Landeshauptstadt Graz waren es drei bis vier Prozent.

Allerdings darf man generell ein wenig nach oben korrigieren: Es gab viele Fälle freiwilliger Assimilation samt Germanisierung des Namens. Ein prominentes Beispiel war Johann Puch, der 1899 die Fahrräder, Motorräder und Automobile produzierenden Puch-Werke gründete. Der Geburtsname des erfolgreichen Unternehmers war Janez Puh gewesen.

Auch unfreiwillige Vereinnahmung kam vor und reduzierte die offizielle Zahl an Slowenen. Anlässlich des Zensus im Jahr 1900 etwa forderte die Marburger Zeitung offen, dass slowenische Knechte und Mägde, „die ihr Brot bei den deutschen Herren verdienten", ihre Umgangssprache als Deutsch anzugeben hätten.

1914 hatte sich der Nationalitätenkonflikt bereits seit Jahrzehnten aufgeschaukelt, zugespitzt, verhärtet. Der Ton der deutschnationalen Agitatoren und der ihnen als Sprachrohr dienenden Zeitungen war scharf, gehässig und reich an gewalttätiger Metaphorik.

Ein Ereignis des Revolutionsjahres 1848 zeigt bereits das grundlegende Wesen des Konfliktes. Eine politische Gruppe aus Laibach/Ljubljana – das damals zum Kronland Krain gehörte – unter der Führung des

Arztes Doktor Bleiweis versuchte die Einführung der slowenischen Sprache in Schulen und Ämtern zu erreichen. Als dies auf den üblichen Widerstand stieß, ging man dazu über, die politische Einigung aller Slowenen anzustreben, also den Abfall slowenisch dominierter Landesteile von der Habsburgermonarchie. Daraufhin erklärte der steirische Landtag die Steiermark einstimmig zum einigen und unteilbaren Herzogtum.

Die Spirale der Feindseligkeiten begann mit zunächst überschaubaren slowenischen Gruppierungen, die Separatismus andachten – nicht zuletzt, weil man den slowenischen Staatsbürgern Grundrechte wie sprachliche Gleichbehandlung verwehrte. Nun setzte das Prinzip „Auge um Auge" ein. Illyrismus wurde mit Deutschtümelei beantwortet, und je mehr Slowenen sich mit dem Gedanken eines gemeinsamen Staates aller Südslawen anfreundeten, desto mehr wurde ihnen ein Leben in der Steiermark verleidet. Slowenische Richter wurden als rückständig, slowenische Politiker als unfähig diffamiert, das Thema Slowenischunterricht an den Schulen und noch die bescheidenste zweisprachige Amtstafel führten regelmäßig zu erbittertem Widerstand.

Es ist heute kaum mehr nachvollziehbar, wie man sich das vorstellte. Sollten die steirischen Slowenen damit zufrieden sein, als Geächtete und Entrechtete im eigenen Land zu existieren? Sollten sie sich zur Gänze assimilieren? Sollten vierhunderttausend Menschen einfach auswandern?

Der Kampf der Deutschnationalen gegen die steirischen Slowenen entfremdete diese dem Vielvölkerstaat. Slowenen, die die Monarchie durchaus als Schutzkonstruktion für kleinere Nationen angesehen hatten, verloren ihren Glauben daran und wurden in die Arme der Nationalisten getrieben.

Die größte Angst der Deutschnationalen wurde 1919 mit dem Vertrag von Saint-Germain Wirklichkeit: Die Untersteiermark wurde abgetrennt. Wie sehr man selbst dazu beigetragen hatte, sah man nicht.

Die Sprache

1938, vierundzwanzig Jahre nach dem Ausbruch des Ersten Weltkriegs, wird sich Graz mit dem Titel „Stadt der Volkserhebung" schmücken. Gemeint war die Erhebung des Volkes in Demonstrationszügen noch vor dem Einmarsch der Hitler-Truppen, um den Anschluss an das Deutsche Reich zu verlangen. Es war nicht das erste Mal, dass Graz sich diesen martialischen Titel verlieh. Bereits 1897 während der Badeni-Krise verwendete die deutschnationale Presse diesen Ausdruck.

Der glücklose galizische Graf Badeni hatte versucht, in der nach ihm benannten Sprachenverordnung die doppelsprachige Amtsführung deutsch-tschechisch in Böhmen und Mähren einzuführen. Nicht nur in Wien und Prag kam es daraufhin zu Demonstrationen der deutschsprachigen Bevölkerung, sondern auch in Graz. Obwohl die Steiermark von der Verordnung gar nicht betroffen war, waren hier die Ausschreitungen am schlimmsten. Das Militär musste in der „Stadt der Volkserhebung" eingreifen, die Krawalle forderten zwei Todesopfer. Am nächsten Tag trat Badeni zurück.

Nun kam ein interessanter Mann ins Spiel: Manfred Graf von Clary und Aldringen. Er war langjähriger Kaiserlicher Statthalter der Steiermark, also offiziell der „verlängerte Arm Wiens", der in der Grazer Burg seinen Amtssitz hatte - sein lokaler Partner in der Konstruktion der Doppelverwaltung war der Landeshauptmann im Landhaus. Den Statthalterposten behielt Clary bis zum Ende der Monarchie. Eigentlich hätte er dem gemeinsamen Ganzen, also allen Völkern gleichermaßen verpflichtet sein sollen, tatsächlich aber setzte er Maßnahmen zugunsten der Slowenen stets erst auf Anordnung aus Wien um. 1899 unterbrach Clary für wenige Wochen seine Statthalterschaft und amtierte als Ministerpräsident in Wien. Seine wichtigste Maßnahme während dieser kurzen Zeit war die Aufhebung der Badeni'schen Sprachenverordnung. Es scheint, als hätte er das Intermezzo in Wien allein für diesen Coup eingelegt.

In dem erbitterten Kampf um die Sprache machte Wien stetig Fortschritte hin zur Gleichberechtigung, die von der Steiermark unweigerlich sabotiert wurden. Wenige Jahre nach der Badeni-Krise war man so weit, den Artikel 19 des Staatsgrundgesetzes von 1867, in dem die Gleichberechtigung aller Nationalitäten geregelt war, auch tatsächlich umzusetzen. Somit war die steirische Landesregierung verpflichtet, Erlässe in Slowenisch an die untersteirischen Gemeinden zu schicken. Sie tat es jedoch nicht.

Der Lehrer und Gemeindesekretär von Kokarje, ein gewisser Knaflic, bestand auf der Einhaltung des Gesetzes. Er verfasste sämtliche amtliche Gemeindekorrespondenz in slowenischer Sprache und retournierte die ihm auf Deutsch zukommenden Schriftstücke mit dem Verlangen, sie auf Slowenisch zuzusenden. Die Landesregierung hielt sich weiterhin nicht an das Gesetz, bis sie sich 1906 von einem Erkenntnis des Reichsgerichtes über die Rechtswidrigkeit ihrer Weigerung belehren lassen musste: Slowenische Eingaben hatten auf Slowenisch erledigt zu werden. Nach mehreren Jahren des Hickhacks versetzte man den unbequemen Lehrer 1912 kurzerhand in einen anderen Bezirk, sodass seine Tätigkeit als Gemeindesekretär hinfällig wurde.

Man erinnert sich unweigerlich an den 2005 neu aufflammenden „Ortstafelstreit" in Kärnten, wo die rechtsgerichtete Landesregierung slowenisch-deutsche Ortstafeln so lange in rechtswidriger Weise abmontierte, bis der Verfassungsgerichtshof ein Machtwort sprach – das ebenfalls ignoriert wurde. Sprache, nicht als Kommunikationsmittel, sondern als Politikum, emotional aufgeladen bis hin zum Religionsersatz – ein trauriges Erbe jener fanatischen Strömungen, die im neunzehnten Jahrhundert ihren Anfang nahmen.

Heute gibt es in Graz nur mehr wenige Zeugnisse einer selbstverständlichen, alltäglichen Zweisprachigkeit aus der Zeit vor der Grenzziehung von 1919. Das Volkskundemuseum besitzt Dienstbotenbücher, in denen auf Deutsch und Slowenisch Tugenden wie „Fleiß", „Sittlichkeit" und „Treue" bewertet wurden. Bei Grazer Antiquitätenhändlern kann man noch Fotografien aus der Zeit vor dem Ersten Weltkrieg finden, auf deren Rückseite die Werbeaufschrift der Fotostudios zweisprachig aufgedruckt ist.

Das Fest

Am 28. Juni 1914 hielt in der kleinen Gemeinde Maria Rast/Ruše westlich von Marburg der örtliche Sokol-Verein sein seit Langem geplantes Sommerfest ab. Ja, es war der Sankt-Veits-Tag, ein wichtiger serbischer Feiertag, der heldenhafter Kriegertums gedachte. Und ja, die Sokol-Vereine, die als Gegenstück zu den deutschen Turnerbünden gegründet worden waren, waren zweifelsohne Träger der panslawistischen Bewegung. Denn nicht nur gesungen, auch geturnt wurde national.

Im Laufe des Festes begann die Nachricht von dem tödlichen Attentat auf den Thronfolger und seine Gattin durchzusickern. Man brach das Fest deshalb nicht ab. Dazu ist zu sagen, dass auch andere Veranstaltungen in Österreich-Ungarn aufgrund der Nachricht nicht abgebrochen wurden. Vielleicht war man sich ihrer Tragweite nicht gleich bewusst, vielleicht war der Thronfolger zu unbeliebt, vielleicht war es eine Reaktion, die selbst Menschen befällt, die einen nahen Angehörigen verlieren: erstmal weitermachen wie gehabt, um die Normalität aufrechtzuerhalten.

Schnell verbreitete sich das Gerücht, die Slowenen in Maria Rast würden sich *anlässlich* der Ermordung des Thronfolgers ausgelassenen Feiern hingeben. In Anbetracht dessen, dass Franz Ferdinand geplant hatte, den Südslawen weitreichende Autonomierechte zuzugestehen, wäre es allerdings rein inhaltlich wesentlich logischer gewesen, wenn die Deutschnationalen angesichts seiner Ermordung jubiliert hätten. In der Folge schalteten sich die beiden notorischsten Zeitungen ein: Das deutschnationale „Grazer Tagblatt" und die noch radikalere „Marburger Zeitung" äußerten sich in bekannt aggressiver Weise zu den „serbophilen" Umtrieben, sodass die Stimmung entsprechend aufgeheizt wurde.

Allein in Zusammenhang mit der Maria-Rast-Affäre kam es zu Dutzenden Verhaftungen, insgesamt wurden 1914 rund zweitausend steirische Slowenen festgenommen. Das Ausmaß, in dem die Deutschnationalen am Untergang der Monarchie mitwirkten, zeigt sich hier in aller Deutlichkeit. Denn wenn es einen sicheren Weg gab, die habsburgertreue Sympathiewelle, die nach dem Attentat auch die Slowenen zunächst erfasst hatte, gründlich zunichte zu machen, dann war es dieser. Dieselben Familien, deren Söhne klaglos einrückten und im August bereits an der Front standen, wurden wie Verbrecher behandelt – wer sollte an ein solches Vaterland noch glauben?

Dabei war die Situation der Behörden durchaus diffizil. Schließlich war die Ermordung des Thronfolgers, wie schnell bekannt wurde, überhaupt erst durch das völlige Versagen der Behörden in Sarajevo, namentlich des Landeschefs von Bosnien-Herzegowina, Feldzeugmeister Potiorek, möglich geworden. Man hatte also deutlich vor Augen, wohin laxe Sicherheitsmaßnahmen führen konnten. In dieser Situation öffentlich „Hoch Serbien!" zu rufen war daher in etwa so klug, wie in den Tagen nach Nine Eleven in den USA zugunsten Osama Bin Ladens zu skandieren. Viele der wegen derlei spontaner Äußerungen Inhaftierten – darunter auch der Pfarrer von Arnfels – konnten allerdings auf Umnachtung durch Trunkenheit plädieren, was dadurch bestätigt wurde, dass auch die Zeugen zugeben mussten, sich infolge fortgeschrittener Rauschzustände nicht mehr allzu genau erinnern zu können, sodass die Beschuldigten schnell wieder freikamen.

Slowenische Lehrer und Priester standen unter besonderer Beobachtung. Als die Intellektuellen im ländlichen Raum konnten diese Personengruppen aufwieglerische Führungsrollen übernehmen, und in der Tat setzten sie sich häufig für slowenische Minderheitenrechte ein. Darüber hinaus standen die katholischen Priester, die den katholischen Slowenen die Stange hielten, seit der im Zuge der Badeni'schen Sprachenverordnung aufgekommenen deutschnationalen Los-von-Rom-Bewegung unter Generalverdacht.

Durch die Aufrufe der Behörden, „verdächtige"
Personen sofort zu melden, kam während der gesam-
ten Julikrise ein unheilvoller Mechanismus in Gang.
Denunziationen sonder Zahl waren die Folge, und die
Sicherheitskräfte hatten alle Hände voll zu tun, die
Bevölkerung an Lynchjustiz zu hindern.

Wie oft die zum Zerreißen gespannte Situation an
allen Ecken und Enden tatsächlich riss, zeigen die
unzähligen Presseberichte über die Misshandlung
von vermeintlichen „Spionen" und „Verrätern" anlässlich ihrer Einlieferung in die Grazer Gefängnis-
se. Die deutschnationalen Zeitungen rühmten solche
Exzesse als Manifestationen patriotischen Empfin-
dens.

Der spätere KPÖ-Politiker Ernst Fischer schreibt
in seinen Erinnerungen:

Durch die Straßen von Graz ziehen erregte Massen
zum Südbahnhof. Der Patriotismus riecht nach Alko-
hol. Immer wieder das Gebrüll: „Alle Serben müssen
sterben! Es lebe der Kaiser! Tod den Verrätern!" Vor
dem Südbahnhof, in einem Knäuel heulender, krei-
schender, wahnwitziger Menschen wird ein Mann zu
Boden geschlagen, zertrampelt, zerfleischt. „Ein ser-
bischer Spion!", hat irgendwer gerufen. (...) „Woran
erkennt man einen Spion?", fragte ich einen Schul-
kollegen. Er sah mich misstrauisch an: „Was meinst
du damit? Hoffentlich hast du nichts dagegen, dass
man mit Spionen kurzen Prozess macht."
„Aber woran erkennt man sie?"

„Er hat slowenisch gesprochen."
„Ist das verboten?"
„In dieser Stunde spricht man deutsch."

Die Liste an skurrilsten Fällen ist lang. So waren etwa Zugreisende, da man Anschläge auf Eisenbahneinrichtungen befürchtete, dazu aufgerufen, ein wachsames Auge auf verdächtige Mitreisende zu haben. Opfer waren unter anderen zwei Franziskanerpatres, die sowohl am Marburger als auch am Grazer Bahnhof verprügelt wurden, da man sie aufgrund ihrer prächtigen Bärte für „verkleidete serbische Spione" hielt. Eine „verdächtige Französin" wurde Anfang August in Kapfenberg verhaftet, wobei sich schnell herausstellte, dass es sich um eine Wiener Dame handelte, die den Fehler begangen hatte, vor ihrer Abreise ein auf Französisch verfasstes Telegramm aufgegeben zu haben. Ein Leobener Friseur mit dem ungünstigen Namen Milan Wasiljev sah sich gezwungen, per Zeitungsinserat zu erklären, dass er kein Serbe, sondern ungarischer Staatsbürger sei, und dass drei seiner Brüder gegenwärtig unter österreichisch-ungarischer Fahne kämpften. Ein anderer Friseur, der in Graz ansässige Veselin Wujkovic, kam für mehrere Wochen hinter Gitter, da er von seinem ehemaligen Dienstgeber, von dem er das Geschäft wegen dessen Alkoholsucht übernommen hatte, denunziert worden war. Der wenig glaubwürdige Zeuge wusste zu berichten, Wujkovic habe sich des Öfteren mit serbischen Studenten getroffen, wobei stets geheimnisvoll geflüstert worden sei. Auch dieses Verfahren wurde schließlich eingestellt.

Während das Verhalten der Behörden vielleicht noch verständlich war und sie sich letztlich auch um Mäßigung der Geister, die sie gerufen hatten, bemühten, war jenes der steirischen Presse aus heutiger Sicht vollkommen verantwortungslos. Objektive Berichterstattung sah man nicht als seine Aufgabe an. Das journalistische Ethos galt der Meinungsmache, nicht der Faktensuche. Es wurden Ängste geschürt und Gerüchte verbreitet, Propaganda gemacht und das Standrecht verlangt, fantasiert, gehasst, gepöbelt und gehetzt.

Das Grazer Tagblatt vom 29. Juni 1914 weiß emotionale Bilder aufzubieten: „An fast allen unseren Grenzen lauert der Feind, im Südosten reichen ihm aus dem eigenen Lande Verräter die Hand ...“ Der Grazer Historiker Martin Moll kommt zu dem Schluss, dass mit den Sonderausgaben vom Tag nach dem Attentat in Sarajevo bereits ein Ton angeschlagen wurde, „der sich kaum noch steigern ließ“. Während Studien anderer europäischer Zeitungen zeigten, dass sich die Eskalation hin zum Krieg stufenweise vollzog, war die steirische – und keineswegs nur die deutschnationale – Presse den ganzen Juli 1914 hindurch durchgängig auf Krawall gebürstet.

Angesichts der beständigen Diffamierungen, der Ausschreitungen des Mobs und der langwährenden Existenz als Bürger zweiter Klasse, denen Grundrechte verweigert wurden, hätte es nicht verwundert, wenn steirische Slowenen tatsächlich in großer Zahl in den Widerstand gegangen wären. Das eigentlich Verblüffende aber war, dass am Ende nichts von all dem übrigblieb: Es wurden keine Brunnen vergiftet, keine Bomben gelegt, keine Sabotageanschläge verübt. Trotz heftigster Suche blieb die Ausbeute an Spionen gering – von den zahllosen angeklagten Lehrern etwa wurden drei verurteilt, von den Geistlichen kein Einziger.

Dass Slowenen und Deutschösterreicher auch ganz hervorragend zusammenarbeiten konnten, zeigte sich dann nach 1919, als ein reges Schmugglerwesen einsetzte. Diesseits und jenseits der so mühsam gezogenen Grenze kooperierten die Menschen in trauter Harmonie, um ihre jeweiligen Zollorgane zu überlisten und sich so den verlorenen gemeinsamen Wirtschaftsraum ein Stück weit zurückzuerobern.

Die Kur

Dass sich im Sommer 1914 der Feind in einem ganz anderen – und wesentlich realeren – Sinne im Land befand, zeigt eine weitere höchst erstaunliche Geschichte. Niemand Geringerer als der serbische Generalstabschef und designierte Leiter der Operationen des serbischen Heeres selbst, der Woiwode Radomir Putnik, befand sich nämlich just während der Julikrise in der Steiermark – auf Kur! Wie in den vergangenen Jahren auch ließ er in Gleichenberg vier

Wochen lang sein Lungenleiden behandeln und hatte sogar seine Tochter mitgebracht. Nun fuhren auch der österreichische Generalstabschef Franz Conrad von Hötzendorf und andere hohe Militärs auf Urlaub, was zwei Gründe hatte: Zum einen wollte man – vor allem der Presse – Normalität signalisieren, zum anderen sich vor den zu erwartenden Kriegsstrapazen noch einmal gründlich erholen. Seinen Urlaub jedoch ausgerechnet in jenem Land zuzubringen, das buchstäblich jeden Augenblick zum Kriegsgegner werden konnte, zeugte von einer wahrhaft bemerkenswerten Seelenruhe.

Franz Conrad von Hötzendorf reiste am 14. Juli nach Graz, woraus sich die interessante Situation ergab, dass sich zwei Wochen vor Kriegsbeginn beide Generalstabschefs in der Steiermark aufhielten, keine sechzig Kilometer voneinander entfernt. Conrad traf sich dort mit seiner Geliebten Gina, um mit ihr nach Südtirol weiterzureisen. Diese war pikanterweise verheiratet, und zwar mit dem Industriellen Hans von Reininghaus, einem Mitglied der berühmten Grazer Bierbrauerfamilie. Erst 1915 sollte der General nach einem jahrelangen Eroberungsfeldzug diesen Kampf gewinnen, die Scheidung der schönen Triestinerin durchsetzen und sie heiraten können. Der Weltkrieg dagegen würde sich entziehen, entgleiten.

Der Aufenthalt des Woiwoden Radomir Putnik in Gleichenberg hatte indessen natürlich zu einer gewissen Aufregung geführt. Sogar Morddrohungen sollen ihm zugegangen sein. Die Regierung ließ ihn von einem Detektiv beschatten, um etwaigen konspirativen Aktivitäten auf die Spur zu kommen. Dennoch kurte der Achtundsechzigjährige ungerührt weiter bis zum 25. Juli 1914, dem Tag der Überreichung der serbischen Antwortnote auf die österreichisch-ungarische Demarche, als die Situation doch brenzlig wurde. Das Ultimatum Österreich-Ungarns an Serbien war in einem einzigen Punkt zurückgewiesen worden. Man verwehrte sich gegen die Forderung, österreichische Beamte auf serbischem Hoheitsgebiet wegen der Ermordung des Thronfolgerpaares ermitteln zu lassen. Eine Bedingung, deren Unannehmbarkeit den Verfassern des Ultimatums wohl bewusst gewesen war.

Erst auf der Durchreise in Budapest wurde der serbische Generalstabschef verhaftet – eine wertvollere Geisel konnte man sich schließlich kaum wünschen. Außenminister Berchtold und Kaiser Franz Joseph selbst verlangten jedoch die unverzügliche Freilassung Putniks, da man sich noch nicht offiziell im Kriegszustand befand. Putnik reiste ab und errang bereits Mitte August in der Schlacht von Cer einen glänzenden Sieg über die Österreicher.

In einem Zeitraum also, in dem weniger hochrangige Serben oder auch nur vermeintliche „Serbenfreunde" mit Verhaftungen rechnen mussten, blieb der höchste serbische Militär letztlich unbehelligt. Dies zeigt, dass die Gesellschaft von 1914 eben auch eine höchst stratifizierte war, in der galt: Quod licet Iovi, non licet bovi.

Die Militärmusik

Die Donaumonarchie, die gerne als janusköpfig bezeichnet wird, war ein komplexes, oszillierendes,
widersprüchliches Gebilde, am Ende so gut wie un-
regierbar, und dennoch kein „failed state". Zerfall
existierte neben Zusammenhalt, Schreckliches tauch-
te zwischen Märchenhaftem auf. Eine der verblüf-
fendsten Erfolgsgeschichten dieses multiethnischen
Staates existierte direkt vor den Augen der Grazer: das
bosnisch-herzegowinische Infanterieregiment Nr. 2,
genannt die Zweier-Bosniaken.

Bosnien-Herzegowina war 1878 vom Berliner Kongress unter österreichisch-ungarische Verwaltung
gestellt und 1908 annektiert worden. Unmittelbar
nach der Okkupation hatte man mit der Aushebung
von Truppen und dem Aufbau des Militärs begonnen.
1895 wurde das Regiment der Zweier-Bosniaken in
der Garnisonsstadt Graz stationiert.

Die exotischen Truppen fielen auf. Zu ihrer Adjustierung gehörte die lichtblaue Bundhose, ein Relikt
der Pluderhosen des Osmanischen Reiches, sowie der
alizarinrote Fez. Im Krieg sollte dieser zwecks besse-
rer Tarnung durch einen grauen Fez ersetzt werden.

Die Grazer waren, höflich ausgedrückt, skeptisch.
Zwei Jahre später, während der Badeni-Unruhen,
wurden die Bosniaken eingesetzt, um des deutsch-
tümelnden Mobs Herr zu werden – dies allerdings
erst, nachdem zufällig des Wegs kommende Soldaten
des Regiments von diesem mit Steinen angegriffen

worden waren. Der Einsatz goss jede Menge Öl in das bereits lodernde deutschnationale Feuer.

Nichtsdestotrotz begann sich in den darauffolgenden Jahren das Verhältnis zu den Bosniaken stetig zu verbessern, ja, sie wurden nachgerade beliebt. Und das lag an ihrer Regimentskapelle. Diese soll nämlich deutlich besser gewesen sein als jene des älteren Grazer Hausregiments, des Infanterieregiments Nr. 27, was man auf die Tatsache zurückführte, dass die Bosniaken aufgrund der großen Entfernung von ihrer Heimat weniger Freizeitmöglichkeiten und daher wesentlich mehr Zeit zum Üben hatten. Vielleicht aber hatten sie auch einfach bessere Musiker in ihren Reihen.

Ihr Dirigent Hauptmann Eduard Wagnes komponierte gerne die eine oder andere Weise selbst, so etwa den auch heute noch gerne gespielten zündenden Marsch: „Die Bosniaken kommen". In ihren zahllosen öffentlichen Auftritten bewiesen dieselben außerordentliche Anpassungsfähigkeit. So zogen die überwiegend muslimischen und serbisch-orthodoxen Musiker klaglos bei der katholischen Fronleichnamsprozession mit, und spielten selbst bei Gedenkveranstaltungen an jenem Denkmal am „Radetzkyspitz" auf, das an die während der Okkupation ihrer Heimat gefallenen Steirer erinnerte. Man soll die Macht der Musik und der Kunst im Allgemeinen nicht überschätzen, aber ausgerechnet an einem Ort mit so slawophoben Tendenzen scheint sie die unwahrscheinlichste Brücke gebaut zu haben.

Was nun die Soldaten selbst angeht, so sind ihre Tapferkeit und Loyalität zu Österreich-Ungarn bis heute legendär. Die Zweier-Bosniaken waren eine Elite-Truppe der k.u.k. Armee und die meist ausgezeichnete. Während des Ersten Weltkriegs erhielten ihre Soldaten tausende Tapferkeitsmedaillen, darunter zweiundvierzig Goldene. Bis in die letzten Kriegstage, als sich die Armee bereits aufzulösen begann, standen sie für den Kaiser ihren Mann.

Man muss sich das Ausmaß des Phänomens vor Augen halten: Bosnien-Herzegowina war gewaltsam okkupiertes Gebiet. Nicht wenige seiner Bewohner sympathisierten mit dem von Serbien angeführten Panslawismus. Einer von ihnen, Gavrilo Princip, hatte sogar gerade den österreichisch-ungarischen Thronfolger ermordet. Und dennoch zogen die Bosniaken ohne mit der Wimper zu zucken für Österreich-Ungarn in den Krieg und dienten ihm sogar mit besonders unverbrüchlicher Treue. Wie war das möglich?

Als Erklärung wird gerne die geschickte österreichische Kolonialverwaltung ins Treffen geführt, die einerseits durch die gleichberechtigte Anerkennung des Islam religiöse Toleranz bewies und andererseits sehr viel Geld in den Ausbau der lokalen Infrastruktur investierte. Da die vorangegangene Besatzungsmacht, das Osmanische Reich, entsprechend seinem Sobriket „Der kranke Mann am Bosporus" nichts dergleichen getan hatte, war der Unterschied in der Tat bald deutlich zu spüren. Neue Straßen und Eisenbahnlinien, Krankenhäuser, Schulen, Theater und eine funktionierende Verwaltung verbesserten die Lebensqualität. Dies flößte jedoch keineswegs allen Einwohnern des Landes Sympathie für die Österreicher ein, wie man am Attentäter Princip deutlich sah.

Es dürfte sich um einen Fall herausragender Führung gehandelt haben. Deutschsprachige Offiziere, die in diesem Regiment dienen wollten, mussten erst für ein Jahr nach Bosnien-Herzegowina gehen, um die Landessprache zu erlernen und sich mit der dortigen Mentalität – in die sie sich dann, wie überliefert wird, so hervorragend hineinzuversetzen wussten – vertraut zu machen. Die Deutschnationalen hätten sich hier ein äußerst dickes Scheibchen abschneiden können, was die Erfüllung der von Generalstabschef Conrad von Hötzendorf in seiner Denkschrift für 1914 geäußerten Forderung betraf, den Südslawen Lebensverhältnisse zuzugestehen, die ihnen ihre Existenz in der Monarchie wünschenswert erscheinen lasse. Auch hinsichtlich der Religionsausübung der Muslime, Serbisch-Orthodoxen und Katholiken der Einheit bis hin zur Einhaltung von religiösen Vorschriften bei der „Menage" wurde vorgesorgt.

Als Ergänzungsbezirk der Zweier-Bosniaken diente übrigens Banja Luka, das einen hohen serbischen Bevölkerungsanteil aufwies. Und so kam es, dass einige der treuesten Soldaten des Kaisers ausgerechnet Serben waren.

Neben der 1980 benannten Zweierbosniakengasse in Graz wurde dem Regiment auch ein Roggen-Kümmelweckerl namens „Bosniakerl" gewidmet, das man vor allem in ostösterreichischen Bäckereien bekommt. Bisweilen wird von politisch korrekten Kunden die Befürchtung geäußert, bei der Bezeichnung „Bosniakerl" könnte es sich um einen Fall von Rassismus handeln. Dem muss allerdings entschieden widersprochen werden. Das Bosniakerl wurde erfunden, um das Regiment zu ehren, und keineswegs, um es herabzuwürdigen – so wie auch der Kaiserschmarrn dem Kaiser als Hommage gewidmet wurde und nicht etwa als Schmähung.

Am Grazer Schlossberg gibt es ein Denkmal für das andere Grazer Hausregiment, das Infanterieregiment Nr. 27 „Albert I. König der Belgier". Ein spärlich bekleideter, ernst dreinblickender Krieger mit Schwert und Ährenbündel erinnert an das 1682 errichtete traditionsreiche Regiment.

Nach Ausbruch des Ersten Weltkriegs ergab es sich, dass man mit Belgien offiziell verfeindet war. Die Forderung der Deutschen nach freiem Durchmarsch lehnte der Regimentsinhaber, der belgische König Albert I., ab und ließ sein Land verteidigen. Es wurde daraufhin vom k.u.k. Kriegsministerium an Kaiser Franz Joseph die Frage herangetragen, ob das Infanterieregiment Nr. 27 weiterhin mit seinem bisherigen Namen zu bezeichnen sei. Der Kaiser war ein Ehrenmann: Er verfügte, der Name sei weiter zu führen, nur die Regimentsinhaberschaft wurde ruhend gestellt.

Von Galizien bis an den Isonzo war das zu 94 Prozent deutsche Regiment eingesetzt und wurde fast zur Gänze ausgelöscht: Von 4.295 Mann, die 1914 auszogen, kehrten nur 117 zurück.

Die frische Alpenluft

Mit über einhundertfünfzigtausend Einwohnern war Graz die viertgrößte Stadt Cisleithaniens, der österreichischen Reichshälfte der Donaumonarchie – nach Wien, Prag und Lemberg/Lwiw. Ein guter Teil der Grazer war nicht in Graz geboren, es gab Zuwanderer aus den ländlichen Gebieten der Steiermark ebenso wie aus anderen Teilen der Monarchie, wie Böhmen, Mähren, Kärnten und Ungarn. Studenten kamen, um die beiden Hochschulen zu besuchen, ebenso wie eine Vielzahl an pensionierten Beamten und Offizieren aus dem ganzen Reich, die hier ihren Lebensabend genossen. „Pensionopolis" war daher auch der Spitzname der Stadt, die voll von „alten Jungfern" gewesen sein soll – den beklagenswerten Töchtern der Offiziere, die jedes Mal, wenn sich zarte Bande zu einem Verehrer entsponnen hatten, mit ihrer Familie die Garnison wechseln hatten müssen und daher immer noch bei den Eltern lebten. Jedes zweite Kind in Graz kam unehelich zur Welt, was an den Heiratsverboten für Mittellose lag, wodurch diese in offenbar wenig wirkungsvoller Weise daran gehindert werden sollten, sich zu vermehren.

In Wien gab es Joseph Roth, Robert Musil, Rainer Maria Rilke, Arthur Schnitzler, Franz Werfel, Karl

Kraus, Gustav Klimt, Egon Schiele, Adolf Loos, Josef Hoffmann, Arnold Schönberg, Oskar Kokoschka. In der Steiermark gab es Peter Rosegger. Man darf sich natürlich auch in Wien keine apriorische Weltoffenheit vorstellen. Schnitzler, Loos oder Klimt lösten Skandale aus, aber immerhin war der Skandal möglich. In Graz gab es auch keine großen Salons, keine Alma Mahler-Werfel, keine Berta Zuckerkandl, und keinen Sigmund Freud oder andere Koryphäen der Psychoanalyse. Der Glanz des Fin de Siècle schwebte kaum über der von Nationalismen düster zerstückten Provinzstadt.

Über den auffälligen Mangel an steirischen Künstlern mit Weltgeltung hat man sich verschiedentlich Gedanken gemacht. Eine zur Achthundertjahrfeier 1928 herausgegebene Publikation der Stadt Graz findet eine faszinierende Erklärung: „Es war immer eine Stadt der Einzelgänger; es gab keine Literaturkaffees und keine Kaffeehausliteratur, die Bohemiens der Dichtung sind auf diesem Boden, um den eine für herzloses Ästhetentum zu frische Alpenluft weht, nie gediehen."

Eine andere Theorie besagt, dass das gesellschaftliche Leben in Graz eben mehr als anderswo in Vereinen organisiert war. Das ist grundsätzlich richtig – vom Singen bis zum Turnen, von der Stadtverschönerung bis zu sozialen Anliegen reichte das Spektrum der zahllosen Vereine. Doch per se hätte eine Vereinsmitgliedschaft wohl noch niemanden von künstlerischer Tätigkeit abhalten können.

Vielleicht muss man zumindest für eine Kunstgattung eine weitere Theorie in Betracht ziehen: Je mehr Kult um die deutsche Sprache getrieben wird, desto schlechter ist es für die Literatur.

Was die bildende Kunst betraf, gab es immerhin einen Mann, der sie förderte – bedingt durch die Notwendigkeit, dass überhaupt Künstler vorhanden sein mussten, allerdings in Wien, der Industrielle Carl Reininghaus, Mitglied der bereits erwähnten Bierbrauerdynastie. Unter anderem rettete der bedeutende Kunstsammler und Mäzen das als temporäres Kunstwerk gedachte Beethovenfries von Klimt vor der Zerstörung, indem er es erwarb, und ließ sich von Egon Schiele porträtieren.

Und Rosegger? Er war wohl der Janusköpfigste von allen. Ambivalent, schwankend, zerrissen. Mit Rosegger-Zitaten kann man so ziemlich alles belegen, ebenso wie sein Gegenteil. Technikbegeisterung und Technikskepsis, Fortschritt und Tradition, deutschen Patriotismus und luzide Prophezeiungen, in welche Barbarei Antisemitismus und Deutschnationalismus noch führen würden. Am interessantesten aus heutiger Sicht ist er als Chronist der Alltagsgeschichte, als früher Umweltschützer, als Zeuge einer untergehenden bäuerlichen Welt, die sich im Zuge der Industrialisierung dramatisch veränderte.

Seine immanente Unsicherheit im Beibehalten eines Standpunkts zeigte sich auch in Bezug auf den Krieg. War er bis zum Attentat in Sarajevo pazifistisch orientiert gewesen und hatte in seiner Zeitschrift

„Heimgarten" auch gerne Artikel von Bertha von Suttner abgedruckt, fand er im Sommer 1914 auf einmal, „daß es unter Umständen gar nichts Notwendigeres gibt als den Krieg". Er rief zu Kriegsanleihen und zum Vertrauen in die Sparkassen auf und stellte sich schließlich gemeinsam mit seinem Kollegen Ottokar Kernstock für die Publikation „Steirischer Waffensegen" zur Verfügung. Dort äußerte er sich allerdings deutlich gemäßigter als jener, dem zum Krieg allerlei Schauerliches einfiel:

Steirische Holzer holzt mir gut
Mit Büchsenkolben die Serbenbrut!
Steirische Jäger trefft mir glatt
Den russischen Zottelbären aufs Blatt!
Steirische Winzer preßt mir fein
Aus Welschlandfrüchtchen blutroten Wein!

Rosegger jedoch, der 1913 sogar als Nobelpreiskandidat gehandelt wurde, wandte sich gegen Ende des Krieges, das mit dem Ende seines Lebens zusammenfallen sollte, von jeglicher Kriegsbegeisterung ab. Die Realität der „verlorenen Jahre", wie er sie nannte, hatte ihn wieder zum Pazifisten gemacht.

Der Steig

In Graz gibt es ein seltsames Erinnerungsstück an den Ersten Weltkrieg, ein topografisch auffallendes Bauwerk: den „Kriegssteig" oder „Russensteig", der im von Aussichtserkern unterbrochenen Zickzack über zweihundertsechzig Stufen die jähe Felswand vom Schlossbergplatz zum Uhrturm hinaufführt. Er wurde von 1914 bis 1918 gebaut, erst von Pionieren, dann von russischen Kriegsgefangenen. Wie kommt man, mag man sich fragen, auf die Idee, ausgerechnet im Krieg etwas so wenig Überlebenswichtiges, ein solches Luxusding wie diesen touristischen Aufstieg zu bauen?

Am 28. Juli 1914 kam in Graz mit einem Schlag ein guter Teil des Alltagslebens zum Erliegen. Schulen und Turnsäle wurden zur Truppeneinquartierung verwendet, der Unterricht musste in den verbleibenden Klassenzimmern alternierend stattfinden und dauerte täglich nur mehr zwei bis drei Stunden. Die Staatssubvention für das 1873 gegründete Mädchen-Lyzeum, die erste Mädchen-Mittelschule Österreichs – hier zeigte sich Graz von seiner fortschrittlichen Seite –, wurde über Nacht eingestellt.

Bereits mit dem ersten Mobilisierungstag wurde die Städtische Berufsfeuerwehr so dezimiert, dass man für die Bekämpfung größerer Feuer keinen ausreichenden Mannschaftsstand mehr zur Verfügung hatte und an den Hochschulen nach noch nicht assentierten Professoren und Hörern suchte, die einspringen konnten. Bald trafen die ersten Verwundeten und Kriegsgefangenen ein, Flüchtlingsströme mussten untergebracht werden, die Versorgung wurde knapp.

So gut wie alles musste man sich nehmen lassen, aber an einem hielt man fest, dem noch vor Kriegsausbruch geplanten Steig, der sagte: Wir wollen es schön haben. Wir glauben daran, dass eines Tages alles gut werden wird, Fremde wie Einheimische hier hinaufwandern und die Aussicht genießen werden.

Der Steig stellt die Verbindung dar zwischen Stadt und Natur, Unten und Oben, aber auch zwischen Vorher und Nachher, was den Krieg betrifft. Man konnte sich durch ihn an die Zeit erinnern, als es noch Corsos, Ausflüge, Lustbarkeiten gab, als jenseits der dumpfen Ideologie auch Entwicklung und Fortschritt stattfanden. Und doch ist dieser Steig, der über die Zäsur hinweg den unbeirrten Weg in die Zukunft darstellen sollte, heute für den, der hinter die Blüten des ihn umgebenden Alpengartens blickt, auch ein eindringliches Mahnmal der Zwangsarbeit, der Schrecken des Krieges.

Trauertücher, Truhentrachten

1.

Zweisprachige Ortsschilder wirken auf mich elektri-
sierend. Österreich wurde zu meinen Lebzeiten zwei
Mal von einem „Ortstafelstreit" erschüttert. Im Bundesland Kärnten sollte der dort ansässigen slowenischen Minderheit ihr in der Verfassung garantiertes
Recht auf zweisprachige Beschilderung gewährt werden, einmal in den siebziger Jahren des vergangenen
und wiederum zu Beginn des einundzwanzigsten
Jahrhunderts. Diese unschuldige Maßnahme wühl-
te einen Nationalitätenkonflikt auf, der bis ins neun-
zehnte Jahrhundert hineinreichte, und wurde von
rechten Politikern instrumentalisiert, um vor allem
jene auf die Barrikaden zu bringen, die für die Fein-
heiten der Geschichte wenig Interesse aufbrachten.
Es wurde so getan, als wären die Kärntner Slowenen
Fremdkörper, gefährliche noch dazu. Dabei hatte im
Zuge der 1920 im Südkärntner Grenzgebiet stattge-
fundenen Volksabstimmung ein erheblicher Teil derselben für den Verbleib bei Österreich votiert. Warum
dankte man es ihnen nicht? Hatten sie nicht genauso
wie die Deutschsprachigen seit Jahrhunderten in diesem Gebiet gelebt? Weshalb behandelte man sie wie
Usurpatoren?
1972 ließ Bundeskanzler Bruno Kreisky die ersten
zweisprachigen Ortsschilder aufstellen. Damals war

ich erst sechs Jahre alt, und doch kann ich mich an den Aufruhr erinnern. Im Fernsehen sah man, wie diese Ortsschilder ausgerissen, niedergetrampelt, zerstört wurden.

2005 ging es weiter. Man machte einen neuen Versuch, das lang Ausständige durchzuführen. Es gab Proteste und Sabotage immer wieder wurden die Schilder abmontiert. Am Ende bekannte sich der Kärntner Landeshauptmann Jörg Haider zum Verfassungsbruch und versuchte mit allen Mitteln, die slowenische Beschriftung der Ortstafeln zu verhindern. Erst 2011 kam es zu einer Einigung zwischen Bundes- und Landesregierung und die Tafeln blieben endlich dort, wo sie hingehörten.

Zweisprachige Ortsschilder sind das Erste, was mir in der Lausitz auffällt, und ich erfahre, dass es sich auch hier um eine autochthone slawische Sprache handelt: das Sorbische, auch das Wendische genannt, die Sprache der Sorben beziehungsweise Wenden.

Der alte und lange Zeit einzige Begriff für die österreichischen Slowenen war „die Windischen“. Mittlerweile gilt er als pejorativ, weshalb ich unwillkürlich Probleme habe, „wendisch“ zu sagen. Auch „windisch“ ist ein vom Nomen „Wenden“ abgeleitetes Adjektiv. Das Wort „Wenden“ wiederum geht auf ein anderes für die Germanen fremdes Volk, die Veneter zurück.

Sollte ich hier in der Niederlausitz in einem Paradies germanisch-slawischer Koexistenz gelandet sein? Nicht nur Orts- und Straßenschilder sind zweisprachig – fast überall, wo Texte zu finden sind, nicht zuletzt im touristischen Bereich, gibt es auch Übersetzungen in das Niedersorbische, das entfernt wie das Polnische aussieht. Tatsächlich soll es weitläufig mit dem Polnischen verwandt sein, während das weiter südlich beheimatete Obersorbische dem Tschechischen ähnelt.

Das Seltsame ist nur: Nirgendwo trifft man auf jemanden, der diese Sprache spricht. Man trifft auch niemanden, der jemanden kennt, der des Sorbischen mächtig wäre.

Ach, diese Schilder und das alles, das sei nur wegen der Tradition, heißt es. Was also hat es mit dieser Zweisprachigkeit, die eine folkloristisch fingierte zu sein scheint, auf sich?

Endlich finde ich einen älteren Herrn, der sich immerhin erinnert: Wenn in seiner Kindheit seine beiden Großmütter miteinander oder „mit anderen alten Frauen" sprachen, verwendeten sie noch das Sorbische. Sein Vater konnte Sorbisch noch verstehen, aber nicht mehr sprechen. Er selbst beherrscht Sorbisch weder aktiv noch passiv.

„Dann sind Sie also Sorbe?", frage ich, auf die Großmütter verweisend.

Er überlegt lange. „So gesehen – ja", sagt er dann.

2.

Es ist so eine Sache mit der nationalen Identität. Assimilation bedeutet, dass Völker sich in andere verwandeln. Ein Sorbe, der nicht sorbisch spricht und auch keine Tracht trägt, sieht ja nicht anders aus als ein Deutscher. „Wissenschaftlichen Untersuchungen zufolge sind etwa 25 % der Deutschen wendischer Abstammung", heißt es in einer Broschüre des Wendischen Museums in Cottbus/Chóśebuz. Ein Viertel aller Deutschen wären demnach Slawen.

Selbst, als das Sorbische noch Alltagssprache war (heute ist nur mehr das Obersorbische in der Gegend um Bautzen, Kamenz und Hoyerswerda in Gebrauch), wurde mit der Tracht schon getrickst. In Berlin, Potsdam und Dresden galt Ende des neunzehnten und Anfang des zwanzigsten Jahrhunderts die sorbische Amme als Statussymbol. Mit ihrer spektakulären Tracht, die von zu ausladenden Hauben fixierten Kopftüchern gekrönt wurde, waren die Spreewald-Ammen bei ihren Spaziergängen mit den Kinderwägen unübersehbar. Es wird berichtet, dass weniger wohlhabende Familien der Bourgeoisie sogar allerlei Verzicht betrieben, nur um sich die als besonders gesund und fleißig geltenden Luxus-Dienstbotinnen leisten zu können. Andere wiederum griffen zu der List, sich eine günstigere Amme aus anderen Teilen Deutschlands zu holen und sie in eine sorbische Tracht zu stecken, um wenigstens den Schein zu wahren. Vollends bizarr wurde der Kult allerdings, als ein zurückgekehrter Kolonialbeamter seine aus Afrika mitgebrachte schwarze Amme in Spreewaldtracht auftreten ließ. Bei ihren Spaziergängen auf dem Kurfürstendamm erregte die Frau erhebliches Aufsehen.

3.

Während der Völkerwanderung wurde Europa für die Grenzziehung nach Nationalitäten in sehr unordentlicher Weise besiedelt. Menschen mit unterschiedlichen Sprachen, Traditionen, Trachten und Religionen lebten jahrhundertelang Seite an Seite, teilweise im selben Dorf, in derselben Stadt. Sie zu separieren war blutig und mühsam. Für den Nationalismus, der im neunzehnten Jahrhundert aufkam, zahlte man im zwanzigsten den Preis.

Ein Puls entstand, der des Zusammenschließens und Trennens. Viele kleine Fürstentümer ergaben Deutschland und Italien. Im Nationalstaat vereinheitlichte sich die Sprache. Es musste eine Standardsprache geben. Der Nationalstaat musste die, die dazugehörten, sich einverleiben, und die, die nicht dazugehörten, ausscheiden.

Österreich-Ungarn war ein Vielvölkerstaat, der zunehmend als „Völkerkerker" galt. Zu ihm gehörten ein Dutzend „Rumpfnationen", die von anderen Gleichsprachigen getrennt waren. Im Ersten Weltkrieg kämpften österreichisch-ungarische Italiener gegen italienische Italiener, österreichisch-ungarische Serben geben serbische Serben.

Mit dem Vertrag von Saint-Germain trennten sich die Südslawen von Österreich ab und schlossen sich gleichzeitig zu einem neuen Vielvölkerstaat zusammen – dem Königreich der Serben, Kroaten und Slowenen, zu dem unter anderen auch Bosnier, Albaner, Aromunen und Mazedonier gehörten. Mehr als siebzig Jahre später fand der Zusammenschluss ein blutiges Ende. In einer Serie von Kriegen teilten sich die Völker Jugoslawiens in kleinere Einheiten auf. Zwei der kleineren Einheiten, Kroatien und Slowenien, sind wiederum in der Europäischen Union einem größeren Ganzen angeschlossen, andere bewerben sich als Beitrittskandidaten um die Mitgliedschaft.

Tschechen und Slowaken gründeten 1918 eine gemeinsame Republik, um ab 1993 getrennte Wege zu gehen. Man wollte einem Bürgerkrieg wie in Jugoslawien vorbeugen.

Der deutsche Nationalismus, der in die Genozidmaschine des Nationalsozialismus mündete, war der schlimmste von allen. Er führte zu großer, irriger Hoffnung bei vielen Deutschsprachigen der ehemaligen Habsburgermonarchie, die nun ihrerseits Minderheiten in anderen Ländern bildeten, und letztlich zu ihrer weitgehenden Vertreibung aus diesen.

In Graz spricht man heute deutsch, in Maribor slowenisch, in Brno tschechisch und in Lwiw ukrainisch. Die Chance, Jiddisch zu hören, hat man noch am ehesten in Brooklyn.

So hehr das Versprechen vom Selbstbestimmungsrecht der Völker einmal klang, der Puls des Separatismus ist aus der Mode gekommen. Die allermeisten deutschsprachigen Südtiroler sind heute zufrieden damit, italienische Staatsbürger zu sein. Die Unabhängigkeitsbewegung der Katalanen stößt in Europa

auf wenig Verständnis. Der Brexit wirkt eher rück-
schrittlich als zukunftsweisend.

Ein Einwanderungsbeamter, der von 1892 bis 1925
auf Ellis Island in New York arbeitete, machte Fotos
von den Europäern, die gekommen waren, um Amerikaner zu werden. Sie zeigen eine beeindruckende
Vielfalt an Bekleidungsformen. Kinder, Frauen und
Männer aus Holland, Rumänien, Lappland, Italien,
Griechenland, der heutigen Slowakei oder der heutigen Ukraine sind in zum Teil aufwendige National-
trachten gekleidet. Man mag darüber traurig sein,
dass sie der internationalen Modeindustrie gewichen
sind – die sie in Details gerne zitiert –, oder sich darüber freuen. Tatsache ist, dass wir alle mehr oder weniger dasselbe anhaben.

4.

Mit Sprachen kann es einhergehen wie mit Tieren:
Jahrhundertelang versucht man sie auszurotten, und
wenn es dann fast gelungen ist, setzt man hektische
Maßnahmen, um sie am Leben zu erhalten. Die aktive Förderung des Sorbischen ist eine relativ rezente
Erscheinung. In der vielhundertjährigen Geschichte
dieses slawischen Volkes setzte sie erst spät, nämlich
nach dem Zweiten Weltkrieg ein. Mit der Losung „Die
Lausitz wird zweisprachig" bekannte sich die DDR
zu dem paradoxen Versuch, etwas wiederherzustel-
len, das eben erst im Dritten Reich der effizienten

Auslöschung preisgegeben war. Was das Niedersorbische betraf, war es zu spät. Für die neugegründete niedersorbische Sprachschule in Byhleguhre konnte man nur mit Mühe eine ausreichende Zahl an Kursteilnehmern finden. Oft waren diese dann Deutsche, die sich mit dem Besuch der Kurse für höhere Verwaltungsposten zu qualifizieren hofften. Erhebungen in der niedersorbischen Bevölkerung ergaben eine resignierte Haltung: „Lasst uns endlich zufrieden, wir wollen keine Sorben sein", oder „Überall wird deutsch gesprochen, da brauche ich nicht die sorbische Sprache", wurden als Argumente gegen den Besuch der Schule angeführt.

Die umfangreichste Exhumierung des Niedersorbischen fand jedoch erst nach der Wende statt. So wurde das Rathaus in Cottbus/Chóśebuz erst im Jahr 2000 zweisprachig beschriftet, das Stadthaus 2004, zweisprachige Straßenschilder wie „Wendenstraße – Serbska droga" stammen aus dem Jahr 2001.

Die Sehnsucht nach Tradition, Bodenhaftung, Regionalität und Alleinstellungsmerkmalen in der globalisierten Gesellschaft ist groß. Ob es nun Deutsche oder Sorben sind, die bei der großen Trachtenfesten die alten Bekleidungen als Kostüme anlegen oder bei den traditionellen Osterritten mitreiten, ist nicht mehr relevant. Die Assimilation geht in beide Richtungen, führt durch permeable Membrane und mischt alles durch.

Und doch ist die Aneignung des Pittoresken nicht neu. Schon die Nationalsozialisten, große Freunde von

Trachten und Lokalkolorit, veranstalteten jährliche Spreewaldfeste, um die sorbische Bevölkerung als „ein lebendiges, starkes Stück des großen deutschen Volkstums" zu präsentieren. Nachdem in einer ersten Phase die sorbische Sprache verdrängt worden war, behauptete man ab 1936 kurzerhand, bei den Sorben handle es sich um einen „deutschen Volksstamm". Auch hier dienten Ortsnamen der Faktenschaffung, sie wurden eingedeutscht: Aus Horka wurde Wehrkirch, aus Kreba Heideanger, aus Mücka Stockteich und so weiter.

Karl-Markus Gauß, der die Sorben in seinen Band „Die sterbenden Europäer" aufnahm, geht mit den gegenwärtigen Retrotendenzen, die sowohl der Selbstvergewisserung als auch dem nach der Wende neu erwachten Tourismus dienen, hart ins Gericht: „Längst ist in der Niederlausitz der kuriose Zustand eingetreten, dass sich ein Volk geradezu wütend in die Folklore flüchtet, weil es sich nur mehr in dieser zu entdecken vermag. Periodisch wird Heimattreue aufgeboten, doch indem die Vergangenheit als Illusionsstück von heute gespielt wird, gerät sie noch nachträglich in den Verdacht, immer schon eine Lüge gewesen zu sein."

5.

Ein Mutterland ist nicht dasselbe wie ein Vaterland. Ein Vaterland kümmert sich, zumindest der Theorie nach, um alle seine Einwohner, egal, welcher Nationalität sie angehören. Ein Mutterland ist sprachlichkulturell definiert, also ein Nationalstaat, geografisch von seinen Kindern separiert und tritt bisweilen für Gleichsprachige in anderen Ländern ein. Es ist vorgekommen, dass Menschen ihr Vaterland verlassen mussten, um in ein ihnen vollkommen fremdes Mutterland zu ziehen.

Anfang der dreißiger Jahre sah sich das Deutsche Reich als Mutterland der Auslandsdeutschen. Mit Rücksicht auf deren Stellung als Minderheiten in anderen Ländern gingen die Nationalsozialisten anfangs bei der Behandlung der Sorben für ihre Verhältnisse nahezu gemäßigt vor. Das Sorbische wurde ohne direkte Gewaltanwendung eliminiert. Man gründete deutsche Kindergärten, stellte nur mehr „deutschblütige" Lehrer ein, im Schulunterricht durfte auch während der Pausen nur deutsch gesprochen werden, Messen waren auf Deutsch zu halten. Härter griff man nur bei den Opinion Leaders durch. 1940 erklärte Himmler, die Sorben sollten als „führerloses Arbeitsvolk unter der strengen und gerechten Leitung des deutschen Volkes berufen sein, an dessen ewigen Kulturtaten und Bauwerken mitzuarbeiten". Damit sie auch tatsächlich führerlos seien, deportierte man ihre Führer in Konzentrationslager oder siedelte sie zwangsweise aus.

Slowenien, das Mutterland der Kärntner Slowenen, wurde erst 1991 unabhängig. Nach dem Ersten Weltkrieg hatten sich die in den österreichischen Kronländern Steiermark und Krain lebenden Slowenen abgetrennt und dem Königreich der Serben, Kroaten und Slowenen (SHS-Staat) angeschlossen. Das alles ging nicht harmlos vor sich, um jeden Meter der neuen Grenzziehung wurde nicht nur diplomatisch, sondern auch militärisch gekämpft. Im „Kärntner Abwehrkampf" gelang es, die SHS-Truppen zurückzudrängen. Dennoch wurden Teile Südkärntens im Vertrag von Saint-Germain Slowenien zugeschlagen. Erst die Volksabstimmung 1920 brachte das Ergebnis, dass das heutige Südkärnten bei Österreich verbleiben durfte. Und das war nicht zuletzt den dort lebenden Slowenen zu verdanken, von denen jeder zweite für den Verbleib votierte, was von rechten Politikern heute gerne unter den Tisch gekehrt wird. Doch die historischen Wunden sitzen tief, sie wurden über die Generationen weitergegeben und werden zur Manipulation des Wahlvolks gerne reaktiviert. Noch 2006 sah sich Slowenien genötigt, den von Jörg Haider geäußerten Vorwurf, es würde territoriale Ansprüche auf Unterkärnten geltend machen, zurückzuweisen.

Die sorbische Bevölkerung Deutschlands hatte nie ein Mutterland. Nach dem Zweiten Weltkrieg gab es kurzfristig Bestrebungen, die Lausitz der neu gegründeten Tschechoslowakei und somit einem slawischen Komplex anzuschließen, die Idee wurde aber bald wieder fallengelassen.

6.

Zwei neue Wörter lerne ich im Wendischen Museum in Cottbus/Chóśebuz kennen: „Trachtenträgerin" und

„Truhentracht". „Von einst 11 sorbischen Trachtengruppen sind heute 7 Truhentrachten", ist dort zu lesen, und: „Die letzten ständigen Trachtenträgerinnen starben zwischen 1950 und 1970."

In meiner Kindheit in Salzburg war Tracht nichts Besonderes. Wie trugen Dirndln und Lederhosen, Walkjanker, Lodenmäntel und Jägerleinenjoppen, dazu Trachtenhüte, auf denen wir Federn und Wanderabzeichen sammelten. Als ich Anfang der achtziger Jahre nach Wien zog, stellte ich fest, dass dort diese Alltagskleidung anders codiert war: Sie galt als ein Zeichen für rechte Gesinnung.

In gewissen alpinen Gegenden, etwa im Ausseer Land, haben viele Besucher das Bedürfnis, umgehend Tracht anzulegen. Auch Wiener und Deutsche, sogar Japaner tun es dort. Man möchte sich den Einheimischen anpassen. Es gehört einfach zu diesen Bergen, Seen und Wäldern, zum Regen, dem man in Wetterflecken aus schweren Lodenstoffen trotzt. Weiter im Osten dagegen sieht es – abseits der Oktoberfestzeit, ein bayrischer Export, der im Zuge der Globalisierung von Festen nach Österreich übergeschwappt ist wie Halloween aus den USA – nach wie vor seltsam aus, Tracht zu tragen. Der Hautgout des Heimattreuen, den die Nazis der Tracht angehängt haben, weht immer noch herbei, sodass manche dagegen ankämpfen, indem sie sagen: „Wir lassen uns von den Nazis die Tracht nicht verderben."

Doch schon lange sind die bayrisch-österreichischen Ausformungen der Tracht zur Trachtenmode geworden. Dirndl und Lederhosen gibt es sowohl traditionell als auch neu interpretiert. Das Regionale ist originell und hat eine eigene Ästhetik. Was diese Trachten nicht mehr beabsichtigen, ist Informationen über die genaue Herkunft des Trägers oder der Trägerin bis hin zum Heimatdorf zu vermitteln.

Man würde eine Kellnerin, die in Salzburg oder München im Dirndl serviert, nicht als Trachtenträgerin bezeichnen. Die sorbischen Trachtenträgerinnen, deren letzte in den Nachkriegsjahrzehnten verstarben, hatten sich der täglichen Mühe des Anlegens und Tragens einer komplizierten Bekleidungsform unterzogen. Sie waren so selten geworden, dass man ein eigenes Wort für sie brauchte.

Das Wort „Truhentracht" klingt traurig. Die Trachten wandern gewissermaßen in einen Sarg, aus dem sie nur mehr geholt werden, wenn ein besonderes Fest ansteht oder ein Kulturanthropologe vorbeikommt.

7.

Das Spezielle an der Spreewälder Tracht ist, dass sie wenig alltagstauglich erscheint. Allein die phänomenalen Hauben lassen rätseln, wie man denn auf den Bauernhöfen damit durch die Tür kam und sich in den teilweise sehr kleinen Räumen (das Freilichtmuseum in Lehde/Lědy gibt einen Eindruck davon) bei der Arbeit bewegte. In Teile der Haube wurde festes Papier eingenäht, das Tuchkunstwerk mit bis zu achtzig

Nadeln festgesteckt. Jede Frau hatte sieben bis acht Trachten für unterschiedliche Anlässe. Im Winter trug man zusätzlich einen sogenannten „Watterock", einen dick mit Schaffell wattierten Unterrock. So eine Tracht konnte dann schon gute zehn Kilo wiegen.

Und doch machten sich die Sorbinnen all diese Umstände. Der deutsche Maler Adolf Burger berichtete 1865: „Geht die Spreewälderin zur Arbeit ins Freie, so macht sie eine sorgfältige Toilette, zieht blendend weiße Wäsche und Tücher an und leuchtet förmlich in ihrer Sauberkeit, wodurch sie schon aus der Ferne von einer Deutschen zu unterscheiden ist, die zur Landarbeit ihre schlechtesten Kleider anzieht." Besonders spektakulär war die Trauertracht, für die schneeweiße gestärkte und kompliziert geraffte Damasttücher übergezogen wurden – wie berichtet wird, war es ein geradezu mystischer Anblick, eine Schar solcher fantastischer Gestalten auf den lautlosen Kähnen dahingleiten zu sehen.

Es kommt nicht selten vor, dass Frauen die Bewahrerinnen der Tradition sind. So konsequent die Spreewälderinnen an ihren Trachten festhielten, so geheimnisumwittert ist das Verschwinden der entsprechenden Männertracht. Der Volkskundler und Maler Willibald von Schulenburg (1847–1934) berichtet noch davon: Die Werden, erzählt er, trugen „lange, weiße Leinwandröcke mit blanken Knöpfen, roten Biesen und großen Seitentaschen, rote Westen mit großen blanken Knöpfen, kurze weiße Kniehosen mit roten Nesteln, lange weiße Strümpfe mit roter Verzierung und Schuhe mit blanken Schnallen, durch welche ein Seidenband gezogen war; auf dem Kopf eine Pelzmütze mit grünem oder blauem Sammetdeckel". Auch von Zipfelmützen berichten manche Quellen. Schon um 1870 wurde die Männertracht abgelegt und geriet in Vergessenheit. Somit hielten die sorbischen Frauen rund hundert Jahre länger an ihren Trachten fest. Heute tragen die ausschließlich männlichen Osterreiter einen schwarzen Gehrock und Zylinder: Das sieht immerhin nach neunzehntem Jahrhundert aus.

Verzeichnis der Erstveröffentlichungen

Heldinnen

Auszüge aus diesem Text erschienen unter dem Titel *„Sein Königtum war abgeschafft" – Frauen im Ersten Weltkrieg* in: Die Furche, 30. Januar 2014, sowie unter dem Titel *Frau am Steuer: Pionierinnen in Männerdomänen* in: Der Standard, 18. November 2017.

The Blitz Experience

Erhielt den 1. Preis im Literaturwettbewerb der Akademie Graz 2005 sowie gemeinsam mit Franz Schuh die „Auszeichnung für literarische Gedankenblitze im aufgezogenen Jubelgewölk" 2005, verliehen von den literarischen Veranstaltungszentren und Literaturhäusern Österreichs. Die Originalfassung des hier überarbeiteten Textes erschien erstmals in: *Die Welt an der ich schreibe* (Hrsg. Kurt Neumann), Sonderzahl Verlag, Wien 2005.

Ich bedanke mich beim Ingeborg Bachmann Centre for Austrian Literature and Culture und dem Austrian Cultural Forum in London.

Von Keuschlern und Kaisern

Die Originalfassung des hier überarbeiteten Textes erschien in: Der Standard, 23. Februar 2008.

Weshalb ich keinen Hofknicks kann

Die Originalfassung des hier überarbeiteten Textes erschien in: *An Meine Völker! Der Erste Weltkrieg 1914–1918*, Ausstellungskatalog (Hrsg. Manfried Rauchensteiner), Österreichische Nationalbibliothek, Amalthea Signum Verlag, Wien 2014.

Spione in der Steiermark

Die Originalfassung des hier überarbeiteten Textes erschien erstmals unter dem Titel „*In dieser Stunde spricht man deutsch*" – *Graz und das Herzogtum Steiermark zu Beginn des Ersten Weltkriegs* in: die horen, Zeitschrift für Literatur, Kunst und Kritik Nr. 254, *Mit dieser Welt muss aufgeräumt werden, Autoren blicken auf die Städte Europas*. Zusammengestellt vom Netzwerk der Literaturhäuser. Wallstein Verlag, Göttingen 2014.

Ich bedanke mich beim Literaturhaus Graz und dem Netzwerk der Literaturhäuser.

Trauertücher, Truhentrachten

Ein Auszug aus der hier erweiterten Fassung erschien erstmals in: *Spreewald Anthologie VI*, Spreewald-Literaturstipendium 2013–2014 (Hrsg. Spreewälder Kulturstiftung auf Schloss Müschen), 2016.

Ich bedanke mich bei der Spreewälder Kulturstiftung.

Literatur

Adie, Kate: Fighting on the Home Front. The Legacy of Women in World War One. Hodder & Stoughton, London 2013

Anders, Petra: Eine vergessene Wiener Vorstadtgeschichte: Ada Christen: „Jungfer Mutter" (1892). Diplomica Verlag, Hamburg 1998

Biwald, Brigitte: Von Helden und Krüppeln. Das österreichisch-ungarische Militärsanitätswesen im Ersten Weltkrieg. Militärgeschichtliche Dissertationen österreichischer Universitäten, herausgegeben von Manfried Rauchensteiner, Band 14, ÖBV & hpt, Wien 2002

Bovenschen, Silvia: Die imaginierte Weiblichkeit – Exemplarische Untersuchungen zu kulturgeschichtlichen und literarischen Präsentationsformen des Weiblichen. Suhrkamp Verlag, Frankfurt am Main 1979

Die Landeshauptstadt Graz 1128–1928. Die Stadt Graz, ihre kulturelle, bauliche, soziale und wirtschaftliche Entwicklung in den letzten sechzig Jahren nebst kurzen geschichtlichen Rückblicken, herausgegeben aus Anlaß der Achthundertjahrfeier 1128–1928 im Selbstverlage der Stadtgemeinde Graz, Kommissionsverlag der Deutschen Vereins-Druckerei A. G., Graz 1928

Dornik, Wolfram: Des Kaisers Falke. Wirken und Nach-Wirken von Franz Conrad von Hötzendorf. Studienverlag, Innsbruck/Wien/Bozen 2013

Engele, Robert: Damals in Graz – Eine Stadt erzählt ihre Geschichten. Styria regional, Wien/Graz/Klagenfurt 2011

Fath, Traude/Fath, Wolfgang (Hrsg.): Kindheit in alter Zeit. Böhlau Verlag, Wien/Köln/Weimar 2006

Feigl, Susanne: Was gehen mich seine Knöpfe an? Johanna Dohnal – Eine Biografie. Verlag Carl Ueberreuter, Wien 2002

Fischer, Ernst: Erinnerungen und Reflexionen. Rowohlt Verlag, Reinbek 1969

Geidl, Gudrun/Pohanka, Reinhard: Das alte Graz. Dachsverlag Ges.m.b.H., Wien 1993

Hämmerle, Christa: Heimat/Front. Geschlechtergeschichte/n des Ersten Weltkriegs in Österreich-Ungarn. Böhlau Verlag, Wien/Köln/Weimar 2014

Hämmerle, Christa (Hrsg.): Kindheit im Ersten Weltkrieg. Böhlau Verlag, Wien/Köln/Weimar 1993

Hennings, Fred: Solange er lebt. Band 1: Aus dem Wien der Jahrhundertwende (1968), Band 2: Die Weichen werden gestellt (1969), Band 3: „Nehmt meine Herrlichkeit und Würde hin" (1969), Band 4: „Ich ärgere mich immer, wenn ich Ihre Denkschriften lese!" (1970), Band 5: Der heiße Sommer (1971), alle: Herold Druck- und Verlagsges.m.b.H., Wien/München

Higonnet, Margaret R./Jenson, Jane/ Michel, Sonya/ Weitz, Margaret C. (Editors): Behind the Lines. Gender and the Two World Wars. Yale University Press, New Haven/London 1987

Hirschfeld, Magnus/Gaspar, Andreas (Hrsg.): Sittengeschichte des Ersten Weltkrieges. Verlag Karl Schustek, Hanau am Main 1929

Hochreiter, Otto (Hrsg.)/Schwarz, Gerhard (Historische Kommentare): Wirklichkeiten: Graz um 1900. Christian Brandstätter Verlag, Wien 2009

Hödl, Johann: Vom Sesselträger zum Silberpfeil. 200 Jahre Wiener Verkehrsgeschichte. Wiener Linien, Wien 2015

Holzer, Anton (Hrsg.): Die andere Front – Fotografie und Propaganda im Ersten Weltkrieg. Primus Verlag, Darmstadt 2007

Hubbard, William H.: Auf dem Weg zur Großstadt. Eine Sozialgeschichte der Stadt Graz 1850–1914.

Sozial- und wirtschaftshistorische Studien, R. Oldenbourg Verlag, München 1984

Jammernegg, Lydia/Hofmann-Weinberger, Helga: „Kriegsgewinn der Frauen"? – Lebensrealitäten und politische Forderungen österreichischer Frauen während des Ersten Weltkriegs. In: biblos 63/ 2014

Karner, Stefan: Die Steiermark im 20. Jahrhundert, Politik – Wirtschaft – Gesellschaft – Kultur. Verlag Styria, Graz/Wien/Köln 2000

Krafft-Krivanec, Johanna: Niedergeschrieben für Euch. Ein Kriegstagebuch aus kulturanthropologischer Perspektive. Passagen Verlag, Wien 2005

Kubinzky, Karl A.: Historisches aus Graz. Leykam, Graz 2010

Kurahs, Hermann/Reidinger, Erwin/Szedonija, Sepp/ Wieser, Johann: Bad Radkersburg. Naturraum und Bevölkerung, Geschichte, Stadtanlage, Architektur, herausgegeben von der Stadtgemeinde Bad Radkersburg 1997

Leidinger, Hannes: Der Untergang der Habsburger Monarchie. Haymon Verlag, Innsbruck/Wien 2017

Magris, Claudio: Der habsburgische Mythos in der österreichischen Literatur. Otto Müller Verlag, Salzburg 1966

Metz, Gabriele: Warum ist der Himmel blau? Pilotinnen – ein Silberstreif am Horizont. Ulrike Helmer Verlag, Sulzbach/Taunus 2013

Moll, Martin: „Verräter und Spione überall." Vorkriegs- und Kriegshysterie in Graz im Sommer 1914. In: Historisches Jahrbuch der Stadt Graz, Band 31, Graz 2001

Müller, Ewald: Das Wendentum in der Niederlausitz. Reprintausgabe, Regia Verlag, Cottbus 2010

Noack, Martina (Hrsg.): Nach Berlin! Spreewälder Ammen und Kindermädchen in der Großstadt. Wendisches Museum Sonderausgabe, Cottbus 2008

Österreich in historischen Filmdokumenten, Edition Steiermark, Graz 1914–1933, DVD Filmarchiv Austria und Multimediale Sammlungen Joanneumsviertel, 2010

Popp, Adelheid: Jugend einer Arbeiterin. Verlag J. H. W. Dietz Nachf. GmbH, Berlin/Bonn-Bad Godesberg 1977

Rauchensteiner, Manfried: Der Erste Weltkrieg und das Ende der Habsburgermonarchie. Böhlau Verlag, Wien/Köln/Weimar 2013

Rauchensteiner, Manfried (Hrsg.): An Meine Völker! Der Erste Weltkrieg 1914–1918. Ausstellungskatalog,

Österreichische Nationalbibliothek, Amalthea Signum Verlag, Wien 2014

Reismann, Bernhard: Steiermark – Eine Geschichte des Landes. Styria regional, Wien/Graz/Klagenfurt 2012

Rolinek, Susanne: „Soldatinnen" der Heimatfront. Frauen im Ersten Weltkrieg. In: Dohle, Oskar/ Mitterecker Thomas (Hrsg.): Salzburg im Ersten Weltkrieg. Fernab der Front – dennoch im Krieg, Böhlau Verlag, Wien/Köln/Weimar 2014

Rothbart, Stefan: Der Grazer Schlossberg. Pichler Verlag, Wien/Graz/Klagenfurt 2012

Schmölzer, Hilde: Revolte der Frauen. Porträts aus 200 Jahren Emanzipation, Verlag Carl Ueberreuter, Wien 1999

Schnöller, Andrea/Stekl, Hannes (Hrsg.): „Es war eine Welt der Geborgenheit ..." Bürgerliche Kindheit in Monarchie und Republik. Böhlau Verlag, Wien/Köln/Weimar 1999

Schöpfer, Gerald (Hrsg.): Peter Rosegger, 1843–1918. Kulturreferat der Steiermärkischen Landesregierung, Graz 1993

Sorbische Kostbarkeiten/ Serbske drogotki, Ausgabe 1
(2006), Sonderheft 1 – Ammen (2008), Ausgabe 8
(2013). Edition Wendisches Museum, Cottbus

Steinböck, Wilhelm (Hrsg.): Graz in alten Ansichten
[Ansichtskarten aus den Sammlungen des Grazer
Stadtmuseums und des Steiermärkischen Landesar-
chivs], Europäische Bibliothek – Zaltbommel/Nieder-
lande 1981

Weiershausen, Romana: Wissenschaft und Weiblichkeit. Die Studentin in der Literatur der Jahrhundertwende. Wallstein Verlag, Göttingen 2004

Zettelbauer, Heidrun: „Die Liebe sei Euer Heldentum". Geschlecht und Nation in völkischen Vereinen
der Habsburgermonarchie. Campus Verlag, Frankfurt
am Main 2005